高职英语教学理论与模式创新

赵倩倩 著

吉林大学出版社
·长春·

图书在版编目（CIP）数据

高职英语教学理论与模式创新 / 赵倩倩著 . -- 长春：吉林大学出版社 , 2022.6
ISBN 978-7-5768-0849-0

Ⅰ . ①高… Ⅱ . ①赵… Ⅲ . ①英语—教学研究—高等职业教育 Ⅳ . ① H319.3

中国版本图书馆 CIP 数据核字 (2022) 第 192830 号

书　　名	高职英语教学理论与模式创新 GAOZHI YINGYU JIAOXUE LILUN YU MOSHI CHUANGXIN
作　　者	赵倩倩　著
策划编辑	殷丽爽
责任编辑	殷丽爽
责任校对	安　萌
装帧设计	李文文
出版发行	吉林大学出版社
社　　址	长春市人民大街 4059 号
邮政编码	130021
发行电话	0431-89580028/29/21
网　　址	http：// www. jlup. com. cn
电子邮箱	jldxcbs@ sina. com
印　　刷	天津和萱印刷有限公司
开　　本	787mm×1092mm　1/16
印　　张	11.5
字　　数	200 千字
版　　次	2023 年 1 月　第 1 版
印　　次	2023 年 1 月　第 1 次
书　　号	ISBN 978-7-5768-0849-0
定　　价	72.00 元

版权所有　　翻印必究

作者简介

赵倩倩，女，出生年月1981.5，民族：汉，籍贯：河北阜城；单位：河北政法职业学院；职称：讲师；最高学历：硕士研究生；研究方向：英语教育。

毕业于瑞典隆德大学，硕士研究生，现为英语专业的专职英语教师，主要讲授《综合英语》、《英语口语》等基础英语课程，荣获第十一届全国高校外语教学大赛河北赛区二等奖（高职组），曾参与编写教材《大学基础英语》，职业院校外语教学改革研究与实践课题：高职院校《综合英语》课程教学的思政化研究与实践。

前　言

近年来，在规模扩张的同时，高等职业院校在教育理念、办学模式、人才培养模式的研究与探索等方面都取得了巨大的成就。但是，根据近几年来用人单位的意见反馈，高职高专院校毕业生仍不能尽快适应岗位要求，其英语技能的实际表现与岗位要求存在着较大的偏差。由于国内各高职院校的英语教学起步较晚，对高职英语的课程设置、社会需求和学生应达到的水平未进行深入探讨和广泛调查，因而无法保证培养出社会需要的、掌握完成目标工作岗位所必需的英语技能的人才。

教育体制改革的根本目的是提高民族素质，多出人才，出好人才。高职教育体制改革尤其是高职英语教学改革一直备受关注，它经历了由"应试教育"向"素质教育"转变的过程。另外，国内外企业的迅速发展提高了对人才的质量要求标准。为了进一步提升我国在世界舞台的地位和作用，我国需要在各个领域不断进行交流与合作，而英语作为国际通用语言，高职英语教学改革以及培养综合型、实用型英语人才已经迫在眉睫。

本书第一章为高职英语教学概述与理论，分别介绍了高职英语教学概述、高职英语教学理论基础、我国高职英语教学现状三个方面的内容；本书第二章为高职英语专业建设，主要介绍了三个方面的内容，依次是商务英语专业建设、旅游英语专业建设、医学英语专业建设；本书第三章为高职英语教学实践，分别介绍了六个方面的内容，依次是高职英语词汇教学实践、高职英语语法教学实践、高职英语听力教学实践、高职英语口语教学实践、高职英语阅读教学实践、高职英语写作教学实践；本书第四章为"互联网+"时代下高职英语教学创新模式，依次介绍了"互联网+"概述、"互联网+"时代下的高职英语教学、"互联网+"时代下高职英语新型教学模式；本书第五章为高职英语教学创新与发展前景，yici依次介绍了高职英语教学的创新实践研究、高职英语教学面临的挑战与提升策略、高职英语教学的发展前景展望三个方面的内容。

在撰写本书的过程中，作者得到了许多专家学者的帮助和指导，参考了大量的学术文献，在此表示真诚的感谢！本书内容系统全面，论述条理清晰、深入浅出。限于作者水平，加之时间仓促，本书难免存在一些疏漏，在此恳请同行专家和读者朋友批评指正！

作者

2021 年 9 月

目录

第一章 高职英语教学概述与理论 1
 第一节 高职英语教学概述 1
 第二节 高职英语教学理论基础 6
 第三节 我国高职英语教学现状 28

第二章 高职英语专业建设 41
 第一节 商务英语专业建设 41
 第二节 旅游英语专业建设 51
 第三节 医学英语专业建设 65

第三章 高职英语教学实践 71
 第一节 高职英语词汇教学实践 71
 第二节 高职英语语法教学实践 83
 第三节 高职英语听力教学实践 94
 第四节 高职英语口语教学实践 102
 第五节 高职英语阅读教学实践 112
 第六节 高职英语写作教学实践 124

第四章 "互联网+"时代下高职英语教学创新模式 138
 第一节 "互联网+"概述 138
 第二节 "互联网+"时代下的高职英语教学 139
 第三节 "互联网+"时代下高职英语新型教学模式 145

第五章　高职英语教学创新与发展前景 159
第一节　高职英语教学的创新实践研究 159
第二节　高职英语教学面临的挑战与提升策略 165
第三节　高职英语教学的发展前景展望 169

参 考 文 献 172

第一章 高职英语教学概述与理论

随着社会的进步、科技的发展，英语这门语言的地位也越来越重要。本章将围绕高职英语教学概述、高职英语教学理论基础以及我国高职英语教学现状具体展开论述。

第一节 高职英语教学概述

一、高职英语教学的特点与定位

对于中国学生而言，英语属于第二语言。如果缺乏语言运用的环境，缺乏使用对象，那么高职英语教学必然会走入困境。这是因为高职英语教学对语言的掌握水平与应用水平都有直接的影响，这可以从高职英语教学的特点及其定位中体现出来。

（一）基本特点

从教育学的角度来说，高职英语教学是教育活动的一种。对于教师来说，教学主要是为了引导学生进行学习；而对于学生来说，教学是在教师的指引下进行学习。促进学生的发展是教学实现的目标。可见，教学是教师与学生的互动过程，教师负责教，学生负责学，是二者共同实现教学目标的一项活动。

关于高职英语教学的特点，可以从如下几点来理解。

1. **具有目的性**

教学的阶段不同，英语教学的目标也不同。如果是中小学、高中阶段的学生，他们的英语学习主要是学习词汇、语法、听力、阅读等基础知识；而到了高职院校阶段，他们除了要继续学习英语基础知识外，还需要掌握听、说、读、写、译技能，并将这些技能与文化相结合，进而将英语知识运用到日常生活与工作中。

2. 具有系统性与计划性

高职英语教学具有系统性与计划性。说其具有系统性，主要体现在制订者上，包括教研部门、教育行政机构、学校教学管理者等。说其具有计划性，是指对英语知识展开计划性的教学，如语音、词汇、语法、听力、口语、阅读、写作、翻译等知识与技能的传递。

3. 具有互动性与灵活性

高职英语教学需要采取合理的教学方法与教学技术。随着英语教学的发展与进步，很多教学方法应运而生，再加上现代科技的辅助，尤其是网络多媒体的发展，使得高职英语教学更具互动性、灵活性，并且教学效果也更加明显。

综上所述，我们可以将高职英语教学的内涵总结为：教师从教学目标与教学内容出发，在有计划的、系统的教学过程中采用一些技术手段来传授英语知识，让学生掌握英语基础知识，促进学生整体英语素质的提升与发展。

（二）教学定位

由于高职英语教学受地域性、学科性、需求性、师资力量等各个因素的影响和制约，因此高职英语教学应该从学生的不同情况出发，做出适合不同学生的不同规划。在当前的形势下，高职英语教学需要重新进行定位，即将培养学生的英语综合运用能力作为高职英语教学的目标。

高职英语教学在高职教育教学中的定位应该予以清晰明确，促使其成为当前高职院校中必不可少的重要学科，能够引起高职院校管理人员、英语教师以及高职学生的高度关注，为高职英语教育教学活动的开展创造理想条件。比如从课时方面来看，高职英语教学应该保障充足的课时，能够围绕着当前高职学生应该掌握的相关英语知识和技能，分析判断所需要的课时量，然后予以恰当安排，保障高职英语教育教学活动可以得到优化落实。另外，在高职教育教学的其他方面，同样也应该力求为英语教学提供良好的发展平台和支持力量，在力所能及的条件下，高职院校应该恰当开展一些英语相关活动，以此更好引起高职学生对于英语学习的积极性，为高职英语教学创造更为理想的条件，比如英语演讲比赛、英语辩论赛以及各类英语竞赛等，都需要予以积极举办，促使高职院校可以形成较为浓厚的英语学习氛围，便于更好优化高职英语教学效果。

二、高职英语教学的基本内容

高职英语教学的内容对于学生综合素质的培养十分重要。一直以来，国家教育部门对高职英语教学的内容非常重视，并且在不断完善与发展。因此，应当顺应时代潮流与英语教学发展的规律，对高职英语教学的基本内容进行梳理。

（一）语言知识

学习一门语言的基础在于学习语音、词汇、语法、语篇、功能等，这在英语语言学习中也不例外。学生学习英语的首要目的就在于学习这些基础知识，它们是培养学生综合语言能力的重要保障。也就是说，高职学生要想熟练运用英语这门语言，首先应对语言知识有良好的把握。

（二）语言技能

除了学习语言知识，高职学生还需要学会英语语言的五项技能，即听、说、读、写、译。

（1）听力技能训练是为了培养高职学生识别话语含义能力以及理解与分析能力。

（2）口语技能训练是为了培养高职学生口头输出已知信息、表达自身思想的能力。

（3）阅读技能训练是为了培养高职学生对语言内容的辨认与理解能力。

（4）写作技能训练是为了培养高职学生运用书面形式输出已知信息、表达自身思想的能力。

（5）翻译技能训练是为了培养高职学生的语言综合能力，具备语言信息的输入与输出能力。

听、说、读、写、译是高职学生所需具备的语言技能综合运用能力的基础。通过这五项基础技能的训练，可以保障高职学生在具体的真实交际情景中做到游刃有余。

（三）文化意识

由于语言与文化有着密切的关系，因此对语言的学习也离不开对文化的学习。语言教学一旦脱离文化教学，就会缺乏思想性与人文性。因此，高职英语教师在教授英语时，务必引导高职学生了解与所学语言相关的文化知识，比如西方国家的风土人情、历史文化、生活习惯等。

在具体的教学中，教师需要注意以下两点。

（1）充分考虑高职学生现阶段的心理需求、认知能力与学习能力，循序渐进导入文化知识，以此培养文化意识，逐渐拓宽文化视野。

（2）在引导高职学生学习西方文化时，不能盲目地引入，并且要避免高职学生出现崇洋媚外的情况。

（四）学习策略

学习策略是指以拓宽知识面而制定计划，采取一定的方法和技能。本节所说的学习策略指的是学生为了学好语言知识所采取的方法和步骤。关于英语语言学习的学习策略有很多，如认知策略、元认知策略、资源管理策略以及情感策略等。高职学生要找到适合自身的学习策略，才能更好地学习影，进一步提升自身的英语综合能力。

具体而言，学习策略的意义表现为以下两点。

（1）高职学生运用适合自身的学习策略有利于提升学习效率，养成良好的学习习惯。

（2）高职学生运用正确的学习策略有助于改进学习方式，减少学习中遇到的困难，即使遇到困难也会找到合适的解决方式，最终提升学习效果。

在高职英语教学中，教师应该引导高职学生发现和培养自身的学习策略，对自己的学习过程进行监控，一旦高职学生在学习中遇到问题，他们将能够调整自己的学习策略，尝试不同的策略，及时有效地解决问题。

三、高职英语教学的基本目标

（一）激发学习兴趣

高职英语课堂教学的基本目标中的首要目标便是激发学生学习英语的兴趣。全面激发学生对英语学习的兴趣，是进一步有效促进高职英语课堂教学的关键措施。

在高职英语课堂教学中，最为重要的方面之一就是积极促进学生对于英语知识内容的学习兴趣，提升学生对于英语课堂教学的学习积极性，以此来进一步促进学生的英语学习意识与学习激情，从而夯实英语课堂教学的基础环节。因此，在高职英语课堂的教学过程中，英语教师要注重培养学生的兴趣。教师要言传身教，在教学过程中，要将自己对英语的热情、对英语知识的探索精神通过教学展现出来，从而启迪学生的心智，感染学生心灵；引导并组织学生多思考英语知识，从而开拓学生的眼界，提高学生对英语的感情认知和理解；引导学生将所学的英语知识和技巧充分运用到对英语问题的理解和分析中去，培养学生对英语的感受力、理解力和思维能力等，加快学生从感性认知到理性认知的转变进程，进而夯实高职英语课堂的教学基础。

（二）培养学习能力

在高职英语课堂教学中，英语教师要注重培养学生对英语知识、对英语问题的解决能力，逐步提高学生的英语核心素养，以此促进英语课堂教学。教师要围绕学生英语学习能力的提高，拓宽学生的视野，创新教学内容，促进高职英语课堂教学内容与其他学科学习内容的有机融合与不断发展，将英语教育与艺术、文化等学科有机地结合起来，培养学生对英语的兴趣，提高学生的英语学习能力，激发学生对英语知识的理解，从而促进学生形成正确人生观、价值观，以此确保学生的英语学习能力逐步提升。

（三）提升英语思维

在高职英语课堂教学过程中，教师要进一步端正教学态度，重视培养学生的英语思维培养。培养学生的英语思维和问题处理能力是教学的主要目标之一，在此过程中，英语教师要围绕英语基础知识等方面，加强对学生的培养，使学生能充分运用自己的感悟能力和思维能力来理解英语知识的逻辑，强化学生对英语问题的思考、记忆、理解、创新的逻辑能力，促进英语课堂教学的质量提升。

（四）培养多样化人才

对于高职英语教学而言，培养学生英语核心素养，进而培养出多样化人才是最为主要的。目前多样化人才的培育，主要培养体系在学校中。对于高职英语课堂教学而言，其教学理念和人才培养目标是根基，起到了积极的指导作用与促进作用。对于部分学校而言，其本身存在一定的不足，具体包括：第一，在软硬件设施部分存在不足；第二，在学生生源质量上存在一定的不足。对于此类学校而言，为了进一步促进英语课堂教学，需要做好以下工作，具体包括：促进准确的英语课堂教学目标定位；根据英语课堂教学的需求，推进英语课堂教学的发展；完善英语课堂教学体系；满足学生的英语学习需求。

随着时代的进一步发展，学生对于英语课堂教学的要求也进一步提高，在此背景下，积极做好以下工作：遵循时代的发展规律，顺应市场需求，开展英语实践课程，端正英语课堂教学的教学态度。

在当今高职英语课堂中，英语作为一门独立的学科，在一定程度上，具备独特的发展方向，想要进一步引导更多的学生成为优秀的英语人才，促进学生英语核心素养的逐步发展，则需要满足以下五个条件，具体包括：第一，与当今社会对英语课堂教学的需求接轨；第二，紧跟时代步伐；第三，进一步侧重于培养创新的人才；第四，使学生符合社会需要；第五，进一步促进英语活动的开展。

在当今高职英语课堂教学中，需要进一步确立以下目标，具体包括：培养合格的英语人才，培养学生的英语核心素养，促进英语教学的逐步发展。随着对学生英语核心素养的不断探索，人才培养目标还需要在实践中不断完善，应始终以人才培养需求、学生发展为导向。对于学校而言，在英语学科教学中，需要进一步促进学生英语核心素养的养成。在高职英语课堂教学中，培养学生对英语知识的认识，引导学生对英语问题的思考与探索的同时，更应注重学生英语精神的塑造，使其成为英语学习的积极引领者，逐步提升学生的英语思维能力与发展能力，培育学生的英语核心素养以此进一步促进英语教育的发展。

第二节　高职英语教学理论基础

一、错误分析理论

（一）错误分析理论概述

1. 错误的概念及分类

（1）错误的概念

错误，指与客观实际不相符合的认识。简单来说，就是内心的真实意思与外部的表现不同，得不到外界的认可，即视为错误。错误就是违反了已经制定好的规则，因此错误往往偏离规则。错误对学生所习得的任何技能或知识都产生了重大影响。

对于错误的界定有很多种。一个是认识性错误（error），另一个是疏忽性错误（mistake）。认识性错误是由于学习者没能完全掌握目的语的语言规则和系统知识而导致的。这种现象是由于学习者对于目的语的规则没有很好地理解并转化为自己的知识，造成了母语和目的语转化的过程中出现了重大偏差。这种错误是由于学习者缺乏对目标知识的理解和掌握，一般情况下学习者很难纠正自己的错误。相反，疏忽性错误则是由外界因素的影响而造成的。例如，学习者在使用目的语时受到了外界因素的干扰。此时，虽然学习者对目的语规则有了一定的了解，但还是会受到干扰,疏忽性错误随之产生。疏忽性错误与学习者当时的学习状态和客观的环境因素都有着密不可分的关系,所以这种错误属于学习者语言使用过程中的错误,并不属于系统错误。这种错误与系统错误的区别在与它是可以由学习者自己发现或者由其他人指出的。学习者的疏忽性错误被指出后,可以独自完成修改。

（2）错误的分类

错误分类是错误分析至关重要的前提条件。因此,在进行错误分析之前首先要对错误进行分类,以下是相关学者关于错误分类的讨论。

将错误划分为语言能力错误和语言使用错误。语言能力错误中包括语际错误（interlingual errors）和语内错误（intralingual errors）,从而建立起系统的错误分析理论框架。语际错误是由于母语与目的语的语言习惯和文化不同,母语对目的语的学习产生负迁移。语内错误是由于目的语语言规则自身的特点造成的;学习者学习目的语规则时,由于对规则掌握不熟练,常根据经验推理出不正确的目的语规则,这种错误推断主要包含过度概括、忽视规则限制、规则不完整应用等。Richards 在语际错误和语内错误的基础之上,补充了发展性错误（developmental errors）。发展性错误指在学习过程中,学习者对知识建立的错误假设。这一分类是以认知学为基础。总之,无论是语际错误、语内错误还是发展性错误,都是学习者掌握了一定语法规则后犯的错误,体现了语言习得的一般特性。根据错误出现的进程,可以把第二语言使用错误分为前系统错误、系统错误、后系统错误。前系统错误指学习者不清楚目的语的相关语法规则时而犯的错误;系统错误指学习者已经学习了目的语的规则,但是对语言规则的错误理解从而犯错;后系统错误指学习者虽然已经习得了目的语的语法规则,但是在使用过程中不熟练,因而产生的错误。将错误直接分类为名词短语错误、冠词错误、连词错误、介词错误等。根据错误产生的原因,将错误分为语内错误、语际错误、交际策略错误、诱导性错误。从学习者、学习内容、学习行为三大方面进行讨论,可以得出三类彼此相关的错误分类,即认知性错误、语言性错误和行为性错误。

2. 错误分析理论的概念

通过对学习者的母语（mother tongue）和目的语（target language）对比研究,可以预见学习者在学习该目的语中可能会犯的错误,但是局限性也逐渐暴露了出来。为了对学习者的错误进行系统性的分析研究,以确定其错误的来源,为教学过程中消除这些错误提供依据,一种分析语言错误的新理论"错误分析理论（error analysis）"产生了。

对于错误分析理论来说，主要是指学生在对英语或其他外语进行学习时，有效分析研究这些错误问题，对其原因进行深入剖析。错误分析理论与单纯的语言理论并不相同，其中，心理学的理论方法也涉入其中。错误分析理论的研究，主要产于国外，国内研究时间比较滞后，研究学者认为犯错误是每个人在学习过程中经常遇到的，学习过程的过渡性特点显著，且每种语言之间的差异性突出。相关学者在错误分析方面，主要基于语言视角，要求在学习新一门语言时，必须要注重日常训练，同时自我剖析也是至关重要的，主要针对自己犯的错误，做到防患于未然。我国的起步发展阶段虽然滞后，但是也有相关学者进行了深入剖析，如在错误分析过程中，也可以使记忆力得到了进一步深化，满足加深印象这一需求，从面结合自身选择最适合自己的学习方法。

总之，二语习得过程是学习者形成并建立语言系统规则的过程。第二语言学习者在目标语言输入的过程中不断地尝试观察、纠正和假设，以使中介语逐渐接近目标语言，建立正确的语言规则。假设从语法、句法和语篇几个方面总结和分析错误，出现频率特别高的错误也是第二语言教学中的重点和难点。教师也把高频率出现错误的知识点作为重点和难点进行教学，并提高针对训练的频率与频次。自 19 世纪 70 年代以来，人们逐渐改变了对学习者在二语习得中所犯错误的看法，错误分析的目的不仅使学习者减少了错误，而且注意到了错误的本质，对错误进行了研究。同时，导致错误产生的心理过程也得到了应有的重视。其原因有二：其中一个原因是大量对母语习得的相关研究发展迅速，研究表明，儿童对母语的习得并不是对语言行为的简单模仿，而是创造性和系统性的语言行为。儿童在母语习得方面也会犯错误。这些错误揭示了儿童目标语言系统的现状。通过对儿童语言错误的分析，我们可以展开研究和对错误产生的原因进行归类，并提出避免儿童在学习语言过程中犯错的方式方法和学习策略，同样这类研究也适用于二语习得的研究。另外一个原因是对比分析理论受到很大程度的质疑与反对。对比分析理论不是无条件适用的，也不是万能的，更不能未卜先知。

（二）错误分析理论的过程

错误分析理论产生于 20 世纪 60 年代至 70 年代，在这段时间行为主义的语言习得受到了批判和挑战。错误分析理论指对学习者在二语习得过程中出现的错误进行分析。

此后，国内外的众多学者将研究的重点放在学习者的错误上，由对比分析转向错误分析。教师在二语教学过程中应该尽量使用错误分析理论，通过错误分析，教师可以发现学生所犯错误的个性和共性。科德指出错误是学生学习的重要工具之一，对错误进行详细的分析可以帮助教师掌握语言学习的相关策略，识别教学中的重点和难点，从而使教学更加有意义，提高教学效率。理查兹指出语言错误是在学习者在学习或使用二语过程中产生的偏离目的语语言标准的现象，错误分析即分析学习者在二语习得过程中产生的错误，探究错误产生的原因，进而解释二语习得的过程，帮助学习者更好的纠正错误。但是，错误分析理论也存在着一定的局限，学习者在学习中出现学习困难的具体过程无法得到详细的体现，仅可以针对学习者的错误文本进行分析，此时需要借助对比分析理论，母语与目的语的对比能够有效说明学习者错误的深层原因。

通过对错误分析理论的研究学习，错误分析基本分为五个步骤：样本收集、识别错误、描述错误、分析错误的原因并进行解释和评估并改正错误。

1. 样本收集

错误分析的第一步是确定语言学习者的错误收集和分析水平，因为学习语言过程中会受各种因素的影响。收集到的样本可分为两种：直接自然样本和间接诱导样本。直接自然样本是最真实的，可以及时地了解学习者的实际语言学习情况，但这种样本往往不能满足研究者的研究目的。为了更加方便研究，研究者经常使用间接诱导样本。间接诱导样本的优势是样本可控、类别定向，所以间接诱导样品更加方便研究，有利于研究者达到研究目的。

不同的样本收集方法会产生不同的样本结果，这会影响错误分析的真实性，因为学习是一个持久的过程，它是系统的、周期性的，所以样本采集也可以分为垂直采样和水平采样。垂直采样可以长期收集学习者的错误，它是系统的、深入的。水平采样可以收集学习者在语言学习的某个阶段的错误，它是定向的、广泛的；但是因为只考虑广泛度，其样本容量可能足够大，但不能反映错误周期性。

2. 识别错误

识别错误通常被看作是偏离目标语言的语言现象。为了识别错误，我们必须明确目标语言的规则标准。识别错误通常分为对书面错误和口头错误的识别。书面错误识别主要显示写作内容是否与学习语言的语法一致，如：词法和句法。除了语法，还有语用规则的识别，如：词汇、发音、时态、表达方式等。即使研究人员掌握了目的语完备的系统的规则并拥有良好的语感，他们也不能及时地判断所有的错误，因为错误作为一种语言现象是抽象的。

3. 描述错误

描述错误是指研究者根据第二语言学习者，基于学习者的跨语言表达的意义，对目的语的句子进行重构和对比的错误。描述性错误要求研究者关注语言结构的表面。研究者不需要探究句子或短语中的词根。

4. 解释错误

解释错误对学者的语言知识储备要求十分高，因为错误分析的最终目的是找出学习者所学的知识和如何学习，从而改进第二语言教学，改变研究方法。但是目前国内在解释错误方面不是很熟练，我们还需要提高解释错误的能力。

5. 错误评估及改正

错误评估主要是从受众或读者的角度对错误的影响程度进行评估。评估错误与评估方式方法及评估错误的人有关，专业人员和非专业人员对错误的评估不同，专业人士对语言规则更敏感，他们以真实的态度评估他们所遇到的错误，并拥有严格的态度，专注于错误理论研究。人们对书面写作错误的容忍程度要低于口语错误。因为口语是人们通过说话来表达他们想要表达的意思，并完成语言的社会功能，不必过于在意说话时的语言结构规则；但书面语言强调语言结构的规则；很多的细节都会影响信息接收者从语素到语篇的会意。目前，错误评估主要应用于教学领域。因此，错误评估在我国英语基础教学中具有重要意义。

（三）错误分析理论在高职英语教学中的应用

1. 归类错误

在高职英语学习过程中，经常会犯下错误，由于不同学生犯下的错误是不同的，所以归类错误的难度较高。在错误中，基于能不能理解英文语句的判断进行分类，局部、全局的基础性错误为重要构成内容。针对局部错误，如动名词形式用错产生误解的情况基本上不会发生，因为这对于交流的影响并不大。在学习英语方面，犯全局性错误更为常见。通常来说，语法错误、词组错误等存在于全局性错误，该错误改正的难度较高。英语教学过程中要想将该类错误的发生概率降至最低，就必须对学生犯下的错误予以及时纠正，对错误的种类进行明确化，并从实际情况出发，对错误阐述的原因进行消除，最后确保错误能在第一时间得到解决、纠正。对于高职英语教师来说，应加强学生独立自主品质的培养，将英语学习中产生的错误挖掘出来。

2. 摆正纠错态度

在高职英语教学过程时，应提高对纠正错误的重视程度。英语教师的教学态度，对于学生纠错态度产生的影响也极为深远，这已经成为学生纠正错误效率的重要影响因素之一。基于教师视角，对学生存在的各种疑问，应及时给予解答，使学生的纠错态度变得更为积极乐观，使其正视学习遇到的错误并勇于面对，并且教师应发挥出自己的指导性角色。根据现实了解到，如果英语教师将精力过于放在教学身上，教学方法、教学态度的合理性不足，就很难提高学生纠错的积极性、主动性，也不利于学生自主独立人格的培养与塑造。所以优秀的高职英语教师，不仅要注重教学方法、教学思想的正确性，也要树立高度的敬业精神、态度，与学生构建良好的关系。

3. 选择纠错方法

要想不断提高学生英语综合能力，就必须要对纠错方法进行正确选择，这是纠错过程的重中之重。通常来说，纠错的技术性显著，纠错的结果对于学生英语综合能力的提升具有一定的决定性作用。在教师批改学生作业时，要第一时间批注。而教师也要注重对学生的鼓励与激励，特别对于容易受挫、英语比较薄弱的学生，这不仅可以使学生自信心得到强化，而且还可以继续维护和强化学生的英语学习积极性、主动性。建议教师应该以自我纠错和集体纠错为主，多给学生提供纠错的机会，提高其纠错意识，长此以往会形成并提高学生的英语思维与表达能力，降低其出错频率。

4. 进行自我批评

自我批评要求学生应确保英语知识运用准确性，为其英语水平的提升奠定良好的基础。例如，教师在对学生的写作进行批改时，可以将学生错误的单词语句圈出来，引导学生自我发现与改正，对出错的原因进行高度明确化，避免相同的错误反复发生。因此，该方式对于写作水平的提升的作用不容小觑，对英语综合能力的提升也有极大帮助。

二、二语习得理论

（一）二语习得理论简述

"监察理论"也是二语习得理论的雏形。该理论主要由五项基本假说构成：语言习得与学习假说、监察假说、自然顺序假说、语言输入假说和情感过滤假说。总体来看，语言习得与学习假说是二语习得理论的出发点；而监察假说又与语言习得与学习假说紧密相关，反映出了"语言习得"与"语言学得"间的内在关联；自然顺序假说与语言输入假说是对二语习得过程的具象阐释，更侧重于对方法论的探讨；而情感过滤假说则将二语习得与心理学相结合。根据二语习得理论，二语习得涉及两种不同过程，即习得过程和学得过程。"习得"主要指以获取信息或交流信息为目的的语言学习过程。在这一过程中，学习者关注的是"意义"，而不是"语言形式"。而"学得"指对语言规则和规约有意识的学习过程。在这一过程中，学习者关注的是语言形式和语法规则。"学得"和"习得"两个过程不仅内涵不同，而且彼此间不能相互转换。语言习得过程类似于母语能力发展过程，是一种无意识的、自然而然的学习过程；而语言习得过程即通过听教师讲解语言现象和语法规则，并辅之以有意识的练习、记忆等活动，来达到对所学语言的了解和对其语法概念的掌握。监察假说的重点在于"监察"的内涵上。所谓"监察"，就是学习者对自己语言输出的质量进行有意识的监督和管控，其可以发生在语言输出之前、语言输出期间，甚至是语言输出之后。自然顺序假说认为，学习者以一种可预示的顺序逐步习得第二语言规则，对某些规则的掌握往往要先于对另一些规则的掌握，而这种习得的顺序是具有普遍性的。语言输入假说，是"监察理论"的核心内容，即学习者通过对语言输入的理解而逐步习得第二语言，而"可理解的语言输入"则是语言习得的必要条件。情感过滤假说主要用来解释第二语言学习者的学习速度和效果有差异的原因；不恰当的情感会阻碍正常的语言输入，使其无法进入语言习得机制，最终也就无法达到语言习得的目的。

（二）二语习得理论相关假说

语言习得涉及人类语言的发展，语言习得是指儿童对第一语言的发展，即儿童所处社区的母语。一个人在掌握了自己的母语之后，可以在随后的自然环境与教学环境相结合的氛围中学习另外一种语言，即学习者的第二语言，它包括语音学、词汇学、语用学等知识。如果学习者的二语习得是发生在其儿童时期，那么它与母语习得基本相同。如果习得过程发生在成人期，虽然二语习得与母语习得有很多相似之处，但二者差异还是很大的。

简而言之，无论是母语还是第二语言，语言的掌握都发生在"可理解的"真实句子中，在轻松愉快的氛围中被接受；它不一定要"有意识地"去习得、练习以及运用词汇、语法和语用等知识，因为它是不可能一蹴而就的，开始练习说的过程要比听的过程发展缓慢很多。最佳的语言学习策略就是依据上述语言的特性和优缺点进行分析和设计说明。

1. 习得—学得差异假说

该假说认为，成年人并不会失去儿童习得语言的能力，在非常理想的条件下，成年人比儿童更擅长掌握语言。同时，他也认为，当别人帮你纠正错误时，也不会对你掌握语言有什么。

2. 自然顺序假说

这一假说认为，儿童和成年人的语法知识、语用学知识等的习得过程事实上大都是按照之前预测的一定顺序开展的。换言之，有些语法知识和语用等知识是先习得，而另一些语法语用等知识则在随后的过程中慢慢习得。

3. 输入假说

该假说认为，只有当语言学习者接触到一定的"可理解性输入"（即第二语言输入知识和范围水平略高于学习者的母语表达能力）时，语言习得才会发生，并且能够专注于理解意义而不是形式。如果学习者目前的水平是"i"，那么有必要向学习者提供"i+1"水平的输入。这种"i+1"级的输入不需要刻意提供，只要学习者能够充分理解输入，就会自动提供。

4. 情感过滤假说

情感过滤假说认为，没有大量合适的语言输入环境，学习者就不能很好地学习目的语。情感因素对二语习得起积极促进或消极阻碍作用，心理因素影响语言习得的速度和效果。比如动力因素、人格因素、情绪状态等。

5. 可理解输出假说

该假说认为，第二语言学习者的语言输出训练在一定程度上对他们顺利使用语言做出了贡献。可理解性输出假说对教师在二语习得中的作用具有重要意义。实验证明，"可理解性输出假说"可以作为"可理解性输入"的平行概念，促进学习者更准确、连贯、恰当地表达自己。

（三）二语习得理论对高职英语教学的启示

1. 重视学生的主体地位

（1）教学实践以学生为中心

在高职英语教学领域，教师和学生对于"习得"和"学得"这组重要概念同样是长期混淆甚至忽略的。因此，很多英语教师只埋头于"教"，至于怎么教、教什么，什么是教授的重点，什么又是教学中相对次要的方面，几乎没有教师去重视和反思。而在教学环节中学生则始终处于被动灌输的地位，对于自己需要掌握什么知识以及领悟的先后顺序并没有清醒的认识。在这种情况下，就必然造成教学活动中教师和学生地位的模糊甚至错位，不利于调动学生的积极性，也不利于教师充分施展自身的教学才能。对"习得"与"学得"的详细区分有助于高职英语教师理解汉语和英语的差异性，丰富自身的语言认知理论，为英语教学法提供切实的理论基础。这就提醒高职英语教师，日常教学活动应以满足学生的需求为自身宗旨，开展以学生为中心的英语教学实践。根据克拉申的理论，习得的结果是潜意识的语言能力，而学得的结果是对语言结构有意识的掌握。只有语言习得才能直接促进第二语言能力的发展，而对语言结构的刻意练习在语言运用中起到监察作用，并不能将其视为语言能力本身的一部分。在英语教学中，高职英语教师应将上述两种途径有机结合，更加重视学生的英语习得过程，尽快培养出学生强大的英语"语感"；同时，兼顾学生英语习得环节，辅之以必要的英语语法知识和充足、高质量的课堂及课后练习，让学生了解真实的英语现象以及英汉双语间的不同点。总之，高职英语教师应打造以学生为中心的英语教学氛围，避免那种"填鸭式"的单方教学模式，一切教学环节都应以学生为主体。

（2）尊重"语言沉默期"，切忌揠苗助长

"语言沉默期"是指语言习得者还没有足够能力讲话的那段时期。而这段时期短到几小时，长达几个月。这个"语言沉默期"是必经阶段，属于正常现象。然而，我国英语教师对于这段"语言沉默期"没有基本的认识，忽视学生的英语水平，主观认为学生应该有更显著的进步。很多教师简单地将这种"语言沉默期"归因于学生不够努力，学习态度不端正，或者对学生自身的英语学习能力产生怀疑，这无疑是一种揠苗助长的态度。因此，教师必须尊重"语言沉默期"，对学生暂时无法用英语流利地自我表达的停滞报以必要的耐心，循循善诱、包容爱护，切不可操之过急，使得学生的英语习得产出"夹生饭"。

（3）了解学生的学习情绪，有的放矢

在二语习得理论中，其情感过滤假说明确引入了心理学模型和机制，从人性化的角度揭示了制约学习者习得语言的因素，从一定程度上反映了师生关系、教室结构、教学风格、教学手段、课堂设计及教师角色定位等因素在语言习得中的重要性，而不是拘泥于语言本身或是二语学习者。英语教学实践中的主体是学生，而从心智层面来看，他们多数又是具有丰富、多变情绪的人。因此，在语言输入过程中，学生或多或少都会存在"情感过滤"因素。例如，学生自身的学习动力、心情以及自身性格都会影响到语言输入的实际效果。如果教师对自己教学风格的塑造不够细腻和人性化，没能充分将学生实实在在的学习情绪考虑在内，态度不够和蔼、亲切，动辄训斥、罚站，就会使得心理脆弱、敏感的学生产生紧张、焦虑的情绪，对自身抱有深刻的怀疑。而有的教师则干脆不屑于在课堂设计上下功夫，抱着讲义进来自顾自地讲课，课堂枯燥、单调，没有人情味，这样很难激发出学生的积极学习情绪，最终阻碍其英语语言习得进程。不论如何，学生都是有血有肉的实际个体而非冷漠、单调的机器。因此，教师必须将学生的"情感过滤"

作为教学设计的考量因素,在课堂中适时穿插一些小游戏,播放与讲授内容有关联的视频和音频;或是改变教室里中规中矩的座位布局,提升学生对教学的期待值;抑或是留出一定的时间来让学生展示自己的学习体悟和近期成果,变"教师输出"的家长式教学模式为互动交流的新型教学形态。教师在充分照顾到学生情绪的前提下,积极尝试灵活多变的教学方式。这样有的放矢,才能事半功倍。

(4)突破心理和情感障碍

在高职英语课堂上,很多高职学生因为自尊心强、过分焦虑出错而羞于开口。加之传统的高职英语课偏重英语的语言形式和语法规则的准确性,教师多会在众目睽睽下对学生的语言精准度进行批评指正,而这往往更加重了学生害怕出错的焦虑,更阻碍了二语习得进程。所以,在高职英语课堂中,教师应为学习者创设一种轻松有趣的学习氛围,帮助其消除心理和情感障碍,激发其学习动机。通过设计多样的教学活动鼓励学生用所学的知识来认知不同的社会文化、描述周围的世界、进行有效语言交流。总之,高职英语教学要注重培养高职学生运用英语语言的能力,用学生更能接受的形式进行错误指正。

(5)关注学生个性化差异

不同的学习者具有不同的性格、认知风格、学习策略等个体差异。教师应因材施教,把课堂创设成学生相互学习和交流的场所,通过多样的教学形式适应高职学生的不同特点、发展学生的综合语言能力。传统教学结合多媒体辅助,线上、线下教学结合翻转课堂,独立作业结合团队合作,等等方式都能有效促进高职学生的二语习得。高职学生有其独特的二语习得机制,研究其特征并对比儿童母语习得,能为高职英语教学带来新的启示。

2. 妥善处理语法的地位

目前在我国的英语教学实践中,对待语法的态度基本呈现出鲜明的两极分化:一方认为语法是中国英语学习者学好英语的前提,奉行"语法至上论";另一方坚持"语法无用论",弱化甚至回避语法在日常英语教学中的作用。要指出的是,这两种态度都不是对待英语语法教学的科学认识,而且目前"语法至上论"在我国很多英语教师的脑海中还占了绝对上风,在英国文学、精读甚至口语课堂上大讲特讲英语语法的教师大有人在,俨然把设计初衷是围绕听、说、读、写能力的多样性的英语课程同化为"英语语法课"。这种现状必然对我国英语学习者语言能力的培养十分不利。根据克拉申的自然顺序假说,二语习得者对语言结构知识的学习过程是可以按照自然过程进行的。比如,在英语教学中,掌握进行时要先于掌握过去时,掌握名词复数要先于掌握名词所有格。但是需要注意的是,教师并不需要刻板地按照这种顺序来制定自己的教学大纲。恰恰相反，如果我们的最终目的是要习得某种语言能力，就完全有理由不按任何语法顺序来开展教学实践。因此，英语教师应及早纠正自己对待语法的态度，中和其在日常英语教学活动中的地位，既不刻意拔高，也不随意轻视。基于对"习得"与"学得"概念的区分，语法学习是英语语言学得的一部分，并不属于语言学习应该享受优先顺序的"习得"环节。因此，教师应妥善处理好语法在日常教学中的地位，切不可不分轻重、本末倒置。

3. 重视"可理解输入"的作用

如何理解语料是语言输入假说的重中之重，该理论将"可理解输入"视为二语习得的前提和核心。这种理想化的"可理解输入"有助于学习者在一定期限内培养出成型的语言能力。二语习得不能一蹴而就，而是要通过一个完整的程序来实现，即"听—读—理解语料信息"。因此，语言输入是语言学习的终端行为，然而对于输入度和质量的把控却更为重要，特别是对我国英语教师而言，作为整个外语教学实践的实际操作者和应用者，如何在输入环节妥善把关就显得尤为重要。一些英语教师只注重语言输入的重要性，而忽视了输入本身的质量，在学生英语理解水平与输入质量不相符的前提下，这种"输入"更多只能流于形式而丧失其实际价值。输入的语言有一个基本前提，即可理解性；语言习得的必要条件是可理解输入。因此，如果语言输入无法被学习者顺利理解，非但无用，更会是一种"噪声"。当然，教师对"可理解"的具体把控也不可矫枉过正，不能把"可理解输入"片面地等同于"简单、初级的输入"，还应该在充分掌握全体学生平均英语水平的基础上，找到适中的"输入"难易度。既不能让学生沉溺于过于简单的"输入"而轻视现阶段的学习内容，产生盲目乐观的错误认识，也不能因"输入"过于晦涩深奥而造成学生望而却步的畏难心理。因此，我国英语教师不仅要让学生充分、广泛地接触英语语料，更要对学生所接触的语料在难度、接受度和质量上有所把控，不仅要让学生理解，同时要略高于学生现有的英语水平，这样才能促成学生的英语习得。至于这种"可理解输入"的难易度在实际教学实践中如何掌握，英语教师还应结合各自班级的总体水平、学生的个体差异以及自己实际的教学方法来适时调整。

4. 提高课堂语言输入的有效性

输入内容若超出了"i+1"的水平，（i 为学生现有的水平，i+1 为略微超出现有水平），便不能被学生理解；若低于 i+1 水平，则输入内容太过简单，学生易失去学习兴趣；只有当教师为学生提供最佳的 i+1 语言输入时，才能更有效促进语言习得。最佳语言输入的四个必要条件：①能够理解的；②有趣的；③紧密相关的；④大量的。在国内的高职英语教学中，教师可尽量多用英文授课，为学生创设沉浸式英语语境，给学生提供足量的可理解的英语语言输入，并探索语言输入的有效途径。可借助信息化手段、教学平台多媒体等，在课前、课中、课后为学生提供大量优质的语言输入素材。例如：TED 英文演讲视频、BBC 纪录片、《老友记》等美国电视剧资源，让学生有大量更地道纯正的语言、内容、文化输入，这对在缺乏真实语境下的高职英语学习很有帮助。同时，教师还应探索多样有趣的语言输入形式、准确把握知识输入量和课程进度，以确保学生对语言输入的掌握程度。

5. 正确处理母语迁移

在二语习得过程中，母语迁移是一种毋庸置疑的客观存在。对于高职英语教学，教师首先应该增加对母语迁移过程的理解，在熟练掌握汉语和英语的同时，对两者进行有意识的对比分析，尤其要注意汉语负迁移的表现以及其对学生英语学习的影响。高职学生有很强的理解力和逻辑性，如果能有效地利用母语对英语的正迁移，克服其负迁移，将能有效促进语言习得。教师可帮助学生认识到汉语和英语在语音、词汇、语法等方面存在的相似性，利用汉语体系和思维来理解和运用英语。对于汉语可能引起负迁移的地方，要进行对比分析、总结和强调。在英语教学时，尽量利用优质的原生英语资源让学生沉浸在英语表达和思维中，通过大量有效练习培养学生正确运用英语句式、表达习惯及英语思维的能力。另外，语言和文化是密不可分的。教师还应注意让学生了解语言背后不同的文化和社会因素，提升学生的文化交流能力。

三、符号互动理论

（一）符号活动理论的相关概述

1. 社会互动理论的概述

社会互动，也称为社会之间的相互作用或社会性交往，是个体对他人采取社会行动并对他人的社会行动做出反应的过程——即我们不断自我意识到自己的行为对别人的影响，反过来别人的期望也会影响到自己的大部分行为。社会互动必须要有两个或两个以上的互动主体；社会互动能促进对自我的认识，满足行动者的需要。

符号是进行社会交往活动的基础。人与人之间可以通过符号进行互动，并在与他人的互动过程中形成自己的意识、理解他人的行为。人的语言、动作、文字等都是一种互动的符号，代表着人们在互动中的某种意义。

符号互动理论、角色理论、社会交换理论等都属于社会互动理论的范畴。它们都对人们的社会互动和交往十分关注，通过互动感知对方对自身的反馈，从而形成自我意识、确定自身角色、实现社会化。

社会互动可应用的领域十分宽泛，对经济学、心理学、社会学、教育学、医学等都有一定程度的影响。从查阅的资料来看，目前已有的研究成果主要集中在经济学的方面；在社会学方面的研究也主要是集中在教育界，学者们主要运用社会互动理论来研究各科的教学活动、教师之间的合作等。符号互动论、戏剧论、角色互动论、社会交换论等都属于社会互动理论的理论范围，这些理论对于促进高职学生的思想政治教育有一定的借鉴意义。符号互动论对教育者与教育对象之间如何通过对符号以及情景的解释与理解达成互识和共识；戏剧理论主要指导教育者在教育过程中如何处理"前台"与"后台"，管理好自身的形象；角色理论用于如何建立起教育者与受教育者之间的角色关系。以社会互动理论为视角，强调教师之间充分的互动合作可以达到资源共享、丰富教师教学技能和经验的目的。从社会互动理论出发，分析了影响高职英语教师专业发展的因素后，根据社会互动理论，认为在英语教学中不同主体间的互动在不同程度上影响着教师专业的发展，因此教师的教学应该在互助合作中开展。

综上来看，社会互动理论内涵丰富，在许多地方得到广泛应用，具备很强的实践性。人一出生就进入了交往的世界，学习与成长发生在与他人的互动交往中。学习不仅需要认知上的参与，还需要身心上的参与，要充分了解个人互动的目的、需求和参与互动的对象。

2. 符号互动理论的概述

（1）互动理论的初创

受到新达尔文主义、行为主义和实用主义思想的影响，可以得出互动理论的两个假设：一是人类生理上存在的脆弱迫使他们进行互动，以求合作生产；二是那些有利于个体和个体内部之间的互动和合作的行为会保留下来。不论是心智，还是自我和社会都是互动的结果，都具有社会意义。互动理论主要有以下三个观点。

①心灵。在论述心灵（mind）上，又有了一个对应概念——姿态（gesture），我们可以把它理解为任何外在的行为表现，它既包括有声的姿态——语音，也包括无声的姿态——肢体动作，这种最基本的沟通方式，是心智（心灵）形成的基

础。心智或心灵，也就是人的思维，从婴儿期就开始产生和发展，通过与周围的环境进行姿态交流，从无意识地选择与接受，到逐渐地自我筛选，把外在的姿态逐步内化，这种内化的姿态就是有意义的符号，心智也就会不断发展成熟。当有机体发展了常规姿态的能力，就有了想象预演各种方案的思维，也就有了扮演其他角色的能力。

②自我论。自我伴随着经验情景不断发展形成，由此形成自我的意识、精神思想都是社会性行为。库里的"镜中我"则是把周围的人当成一面镜子，从他人的评价中了解自我，获得自我认知。有机体在社会环境中，通过角色扮演和价值交流，获得自我经验，形成自我意识。在意识经验和社会经验的条件下，米德将"自我"分为主我（I）和客我（me）：主我是个体行动的动力系统，是对符号或他人反应的认知，进而规划出自我的应对反应；客我是行动的方向系统，是自我的社会反面，对自我的认知和反应进行回顾和反思，预测未来结果。

③社会论。社会是由社会成员互动所构成的网络，体现了主体之间规律性的互动，并孕育出自我。社会与自我的形成具有以下关系：第一，社会的个体基础——反思，人类可以依靠语音等特征进行交流和反思，完成自我经验的刻画；第二，社会的组织基础——交往，在交往中，通过"镜中我"遐想他人的态度，扮演他人的角色，以此来调节自己的行为，使交往获得价值和意义；第三，社会的制度基础——理解，生活在同一套体制下的人们共享一套价值标准，它决定着个体在与周围环境互动中的感受性，是全体成员一种共同的反应。

互动论以心灵、自我和社会为论述对象，探讨了姿势在三者形成、变化中所起的作用。可以简单地概括为：心灵的本质是生理冲动与理智反应间的互动；自我的本质是主我与客我的互动；社会的本质是自我与他人的互动。

（2）互动理论的形成

人们可以把一切客观的事物和主观意识进行符号化处理，转化为特殊的符号用作交流，在社会活动中保持稳固的交往模式。符号扩充了姿势的概念内涵，它包括语言、文字、动作、物品甚至场景。

人基于对客观事物所赋予的意义来决定我们所采取的行动；赋予事物的何种意义源自社会互动；在任何情景下，我们都要经历"和自己对话"来做内部解释，即给这个环境确定一个意义并决定采取何种行动。

①人类是符号的实用者。人与动物的本质区别就是人类具有制造和使用符号的能力，可以用一个个符号来象征客观事物、思维以及所经历的事物，并以此进行交往。首先，符号是约定俗成的，在相同的文化体制下，彼此间具有相同的符

号编码体制，即情景定义的一致性。其次，符号是有意义的，因为它是彼此交流的媒介，如果未能引起彼此间的互动，那这个事物就没有意义，也不能称为符号。最后，符号一定是可以感觉到的，我们甚至可以看到、听到它的存在。

②符号性交往。人们在日常的生产生活中可以通过符号进行相互沟通，这些符号不仅包括词汇和语音符号，还有那些可以相互理解的面部表情、身体动作和其他象征性姿态。

③互动和角色领会。只有真正感受和理解他人的角色，在思维中读懂他人的姿态，互动才可能真正发生，也才算有意义的交往。

④互动、人类和社会。社会的互动使得人类成为独特的种类，也正是因为人类在发展中获得了能力，产生了互动，才使得社会成为可能。

在符号互动理论中，符号存在于社会生活的方方面面。个人的一个简单动作都是一种符号的表现，因为当我们进行动作时，都是想要表达自己当下的见解或感受，我们需要通过符号进行表达，让别人理解以达到相互沟通的目的。有些符号是约定俗成的，可以在人类社会中通用，同时人类也可以创造符号，使用这些符号进行交流与沟通。人的每种行为都有其内在含义，同样，表示行为的每种符号也有意义，要对符号进行解释就必须对其意义进行理解。但符号的意义是在不断变化的，在不同的背景和环境中，同一种行为所表达的意义不一定相同，同时在另一层面上，对符号意义的解释还有赖于互动的双方，在双方不断协商与交流中确定。因此，这一过程是动态的，它通过双方的互动不断地发生变化，是一个研究和分析人与人之间、人与社会之间的关系的理论。在这一理论中，每一个因素都是在不断变化的。人与人之间的关系，人与周围社会环境的关系都是在相互影响的过程中不断变化和成长的。每一个个体对符号的理解不是被动的反映过程，而是随着环境的变化，不断对环境进行"情景定义"，会不断修改环境在内心的定义，并且在这一过程中不断完善自我，对自我进行建构的主动过程。在一个情境下，人与人在互动的过程中，对它包含的内容、形式、目标等形成自己的理解，这就是"情境定义"（definition of situation）。因此，"情境定义"是一种动态的理解和认识的过程，是个体对所处环境的反应，个体会对环境情境拥有自己的定义。

从符号互动理论视角看，文化是人类创造的各种不同符号，人们通过这种符号来表达不同的行为意义。符号也因此成为人类"交往的中介"，在不同符号下产生了不同文化背景的个体，不同符号背景下的人们会在交往中相互影响。在这一过程中符号的意义尤其重要，如果其意义不能引起互动双方的共鸣，情境就没有存在的必要，同样，如果没有营造合适的情境，符号的意义会被削减，也无法达到交际的目的。

（二）基于符号互动理论的教学互动类型

教学的本质就是一个互动过程，教师的教和学生的学构成了教学的双边活动，在这种活动中既有主体自我间的互动，又有主体之间的互动。具体如下。

1. 教师的主客我互动

为了实现有效的教学，教师必须将客我所要求的教学成果，如教学目标、课时目标转化为学生的学习成果，同时考虑到学生知识技能的储备和教学环境，这个转化过程需要主我进行回答。每位成员都是社会舞台剧的一员，为了戏剧的演出和把自己的角色形象树立起来，都有一个后台准备阶段。为了准备这一次的"演出"，教师需要备课，在备教材上，首先主我进行计划和安排，教师领会课本的知识符号，转化为自我经验；在备学生（进行学情分析）上，考虑到学生可能的理解和反应安排教学过程。在真正的教学实施中，教师将符号传递给学生，并根据学生的生成性随时进行主我与客我之间的互动，调整教学策略，以谋求学生最大程度的获得感。最后，还离不开教师的教学反思，客我对这个教学环节进行回顾和评估，教师在教育教学过程中所积累的与教育教学情景相关的实践性知识离不开教师对自身教学经历的反思，这样才能形成教师的专业发展。

2. 师生互动

课堂教学为师生的互动提供了舞台，师生之间通过符号进行互动交流，良好的师生互动对增强学生学习动机、实现有效教学具有重要意义。这里将对QAIT有效课堂教学的互动进行剖析（图1-2-1）。

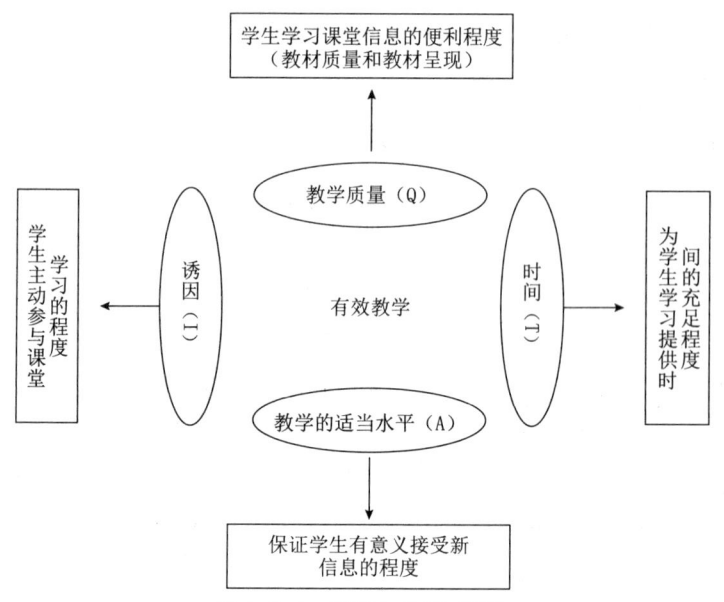

图 1-2-1 斯莱文 QAIT 模型

从模型中可以看出，在教学这个双边互动的过程中，是教师在后台上先进行主客我的互动，再根据课堂情景（如教学质量、时间安排等），及时调整和展现自己的"演出"，为学生展现"舞台剧"。同时，学生做好课前准备（如必要的教学适当性、学习态度等），并根据情景进行自我互动，做出选择。如果两者之间的抉择有很大相似性，那么我们才能认为这是一次比较成功的互动，才能实现有效教学。

3. 生生互动

学生除与教师互动获得成长外，还有与其他同学间的沟通互动，彼此间相互学习和交流，构建和谐的校园环境。首先，学生不是空着脑袋走进教室的，每个学生在其成长的背景环境中构建了一定自我的知识观念、思维方式和行为态度等。学生之间通过互动，倾听他人对同一个问题的看法，并加以判定，有助于保持思维的灵活性和多元性。其次，学生之间的差异可以形成一种外在的动力机制，充分发挥优秀学生的榜样作用，可以见贤思齐。最后，生生互动可以增加彼此间的了解，在交往中通过"镜中的自我"假想他人的态度和行为产生共情，有利于创建和谐的人际关系，有利于为学习创造良好的校园环境，有利于为学生学业成就的达成创造环境。

4. 学生的主客我互动

学生的主客我互动和教师的主客我互动类似，学生也会需要主客我的互动在

"后台"准备。"前台"将要表演的内容和对所演出的结果进行监控。在上课之前，教师都会要求学生先自我预习一遍，了解有关内容，做好有意义接受学习的准备。在课堂之中，主我根据教师在课堂的知识呈现，不断内化外在的符号，形成自我的认知结构。在上课之后，学生还需要通过客我进行知识点的巩固，以便查漏补缺。

（三）符号互动理论在高职英语教学中的应用

1. 明确可选择的互动符号

英语教学中的符号作为师生互动的一个基础元素，能够通过描述与分析呈现所要表达的教育意义。在英语教学过程中，显性外露的教师身份是符号传达的主体所在，教学内容是符号互动的基础载体，教学媒介则是实现教学的基础符号，而教学活动为实现教学目标而设计，进而形成教学形式、方法和手段，是教师主观设计形成的符号现象，这四个符号是实现英语教学技法创新的重要互动符号，是影响和促进教学进程的互动元素。

（1）教师身份的显性外露

教师身份在教学中的显性外露体现了教学中的教育意义和教育责任。长期以来，人们赋予了教师身份无限的责任和期待，教师工作的性质决定了教师这一身份存在的意义不是指向自我，而是指向学生。教学的创新要求教师在身份外露的过程中，清楚地认识到责任是教师身份这一教育符号所呈现的价值内涵，教师作为学生理解学科知识的重要渠道之一，通过间接经验的直观传授，实际上是以个人的方式体现了课堂内容，教师的身份也成为象征学科知识的符号深深地印在学生的心中。因此，在创新教学符号元素的实践中，要将教师身份这一元素作为与学生展开互动的教育符号进行深刻认识，每一位教师应当以个人的方式不断丰富和发展教师身份的实质和内容，使其成为无可替代的教育符号。

（2）教学内容的隐性呈现

教学内容是英语教学中师生互动的主要载体符号，也是影响英语教学效果的主要因素。在英语教学的创新元素中，教学内容是教师展开教学实践的依据，是实现对学生思想和知识的有效引导的依据。教学内容是促使学生认知水平和素养提升的基础要素构成，教师在这一过程中也作为主体符号实现了自身的责任和意义。在研究教学内容成为教育符号的过程中，教师对教学内容的理解首先要挖掘其象征的价值内涵，将这些抽象的价值内涵依托各种符号转变为直观的教学内容，促使学生有所领会。实际上，教师的教学过程就是对教学内容以无限的努力形成有限表达的过程，其中有限的是教学内容中所具有的事实外形，无限的则是教师以各自的方式所表达和象征的符号意义。

2. 找准互动符号与教学的结合点

符号互动理论更加注重学生认识、熟悉和熟练运用符号的能力和素质；具体到英语课堂教学过程中，就是要求教育工作者能够通过不同种类的符号所代表的不同内涵的知识信息，将客观存在的经验知识、主观臆想进行传递，促进学生通过一定的符号形式进行沟通。创新英语课堂教学的目的在于培育学生的主观素养，随着素质教育改革的不断深化，教师要改变传统的授课方式，将抽象的教学内容利用互动符号转变为学生的清晰认识，从而促进学生学习思维的形成。

在信息化广泛深入的今天，符号互动能够极大限度地提高英语课堂教学的直观性和趣味性，能够和互联网技术相契合，推进课堂教学的技术含量提高、个性特点彰显，有利于英语教学质效的提升。

课堂直观教学的最大优势在于学生的兴趣值很高，所学知识和信息能够更加快速地入心、入脑，形成较长周期的记忆曲线。从学习者来看，学生在课堂空间中获得的学习画面会形成视觉记忆，而情境中的情感熏染会形成心理记忆，捕获声音会形成言语记忆，对三者进行存储才是真正可以长期记忆的内容。因此，要在课堂直观教学中充分发挥互动符号的作用，就必须立足于加深和延长记忆周期来开展融合创新。首先，要尽量删减冗余信息的干扰。要精炼提取互动符号，加强对课堂教学中符号的管理，主要是进行总量控制和分类管理，避免在一定时间内给学生提供过多的知识信息，导致各类互动符号令学生眼花缭乱，若有效符号不多、高质量信息符号过少，会影响学生的独立判断和知识加工。其次，要尽量打造科学符号结构。要围绕课堂教学主题进行符号排列组合，形成科学的结构体系。传统教学就是因为过多强调语言符号，缺少图片、声音等互动符号，从而导致学生的兴趣不高。直观教学中要注重对互动符号的控制和排列，突出重点和中心知识，调配不同符号资源进行佐证和辅助。最后，要尽量给知识信息留白。互动符号最容易达成的效果就是满负荷地推送给学生群体，但是这种形式往往会造成学习者过于疲劳。因此，要在符号传递过程中遵循适度原则，给学生留下探索知识的信息和线索，激发其好奇心，并按照步骤引导他们进行学习。

四、活动理论

（一）活动理论的相关概述

1. 活动的定义与分类

在研究具体的英语学习活动前，首先对活动的定义及分类有一个清晰的、正确的认识。根据心理学的活动理论，所谓"活动"，是由动机所激发、目的所引导的动作的总和。动作总是具有一定的对象性，是由动机引起的，而非目的。具体而言，动机是动作的缘由，目的是动作指向的方向或者目标。关于活动的分类，一般有两种分类标准：一是按照活动对象的不同特点，可以分为外部活动与内部活动。外部活动即个体与客体世界接触的实践活动，而内部活动则是包括感知活动、记忆活动、思维活动、意志活动等在内的个体的心理活动。二是按照活动指向目标的新颖程度，可以分为学习活动、创造活动和创造性活动。学习活动是为掌握人类积累下来的知识、经验、技能而进行的活动，个体在学习活动中实现由未知到已知，是把人类创造的知识变成自己财富的再现性活动；创造活动是提供首创的、新颖的又具社会价值产物的活动，包括新发现、新产品、新模式等；创造性活动是介于学习活动与创造活动两者之间的活动。

2. 活动系统的构成要素

对活动理论进行完善，可以得出活动系统中有六个相互联系的要素，包括主体、客体、共同体、中介工具、规则、劳动分工。

（1）主体。主体是指在完成目标活动过程中的具体行动者和操作者。在活动系统中处于中心地位。在英语课堂中，学生是学习的主体，教师进行教学设计要充分考虑学生的具体情况，使学生积极参与课堂活动，充分发挥学生的主体性。

（2）客体。客体是指主体活动的对象。客体的转变都是为了帮助主体达到活动的特定目的。就客体而言，它是学生作用的对象，是学生的学习目标，是教学活动完成后教师期望学生掌握的知识或技能等。

（3）共同体。共同体是指活动系统参与者的集合体。既包括家庭关系，也包含师生关系、学习小组成员关系等，这都会影响学生的学习。对学生来说，群体可以是学习小组，也可以是整个班级。

（4）中介工具。中介工具是辅助主体将客体转化为最终结果的过程中所使用的东西。工具起着连接主、客体的作用，同时主体可以能动地改造和发展工具。就中介工具而言，除了课堂中学生所使用的教材，教学过程中所使用的多媒体等多种资源，也会在对学生获得知识产生影响。

（5）规则。规则是主体与共同体进行交互的中介，是活动系统中诸多的行为规范和行动准则。这主要体现为在课堂中制定合理的课堂纪律来规范学生的行为，还体现为学生在进行活动时设定的规则。

（6）劳动分工。分工是活动系统中共同体与客体之间的一种中介。在课堂中尤其要重点强调分工，教师要让学生意识到：学生自身才是学习的主体。教师对课堂的控制不应过多，使学生在课堂中扮演不同的角色，明确分工，充分调动学生学习的积极性、激发学生的学习动机。

（二）活动理论在高职英语教学中的活动原理

活动的共同结构主要有三个层次：一是个别的（独特的）活动——以激发它的动机为标准；二是动作——服从于自觉目的的过程；三是操作——直接取决于达到具体目的的条件。这三个层次又可以划分为三个单位——活动、动作、操作，三个单位又一一与动机、目的、目标具体化相对应。这既形象地表现出了三个单位之间的关系，又揭示出了内部活动与外部活动之间的共同结构。

1. 英语学习活动观

学习活动观是开展英语教学活动时的一种认知，学习活动必须有意识地促进学生语言技能的发展以及认知能力的发展，并在此过程中，形成正确的价值观。学习活动是再现人类以往创造的知识的活动。当个体再现人类知识时，总是带有个体的一些特点，这其中就包括某种新颖、独特的因素，因而也就包括一定程度的创造成分。

英语学习活动观，以主题意义为引领，通过学习理解类活动、应用实践类活动、迁移创新类活动，在学生已有知识的基础上，依托多模态语篇承载的情境，在分析与解决问题的过程中，不断提升学生的语言知识与技能，形成判断推理能力，掌握学习策略，实现从浅层学习到深度学习再到迁移创新学习，并在此过程中，不断增强自身的语言能力，强化文化意识，提升整体思维品质，最终提高自身包括英语在内的其他学科的学习能力。

2. 内外部活动方式

内外部活动结合的原则或规律在于，总是准确地沿着所描绘结构的接缝处进行的。结构的接缝处是指两种活动的转换点。英语学习活动观以主题语境、语篇类型、语言知识、文化知识、语言技能和学习策略为整合点，结合内外活动的共同结构，并根据结构的接缝处进行融合，立足主题意义，依托多模态语篇，有机统整相关知识，采用听、说、读、写、看等一体交融互动的学习方式，引导学生在感知与注意、获取与梳理、概括与整合的理解类活动中感受基础知识，再通过描述阐释、分析判断、内化运用的应用类活动学会技能，最后在推理论证、批判评价、想象创造的迁移类活动中，促使学生生成创造性思维。整个过程将内外部活动打通，有效促进了学生学科核心素养的形成和发展。

（三）基于活动理论的高职英语教学设计

1. 课程总体设计

英语教学课程共计17周课时，前10周为理论讲解和文献阅读，后7周为教学展示。每位学生需要完成10分钟左右的一次实践教学。实践教学的教学目标、教学材料、教学过程都由学生根据教学内容和教学对象自行设定。在进行展示之前，学生需要在第7周将教案初稿完成，在第8—9周完成课前试讲，根据同学们的反馈进行修改。在第11—17周学生的展示课环节中学生先进行10分钟的教学，授课结束后同学、同伴和教师对这节课进行反馈。反馈的内容可以针对任何环节。反馈须基于相关的教学理论。观课、评课的过程实际上也是学生内化教学理论、提升其教学设计及实施能力的过程。目前，高职英语教师普遍存在的问题之一为教师的备课没有理论的支撑，教师主要依靠经验进行教学，而新手教师则更多地依靠自己过去受教育的经历进行这种"传承式"的教学。如果过去自己碰到的是一个经验丰富、乐于思考的教师，则学生获益很多。很多教师有职业操守，但仅限于不去违反规定，以机械地完成教学任务为主。

2. 课堂教学设计

传统的课堂教学模式下，主体为一名授课教师和学生；中介工具为教材、课件、教师讲解；客体为学生学习教学法；规则为教师是权威，学生听从教师的安排，学生完成教师布置作业；共同体为教师和学生；劳动分工为教师授课，学生听讲并完成作业。"活动理论"模式下，改变过去由一名教师授课为主的方式，让多名教师参与该课程的备课与投课，由教师自愿报名，选取自己感兴趣并擅长的话题，教师的备课不仅仅局限于教学法和教材内容。选取国内外教育学心理学语言学、语言教学等领域的重要相关文献和最新研究成果，教师需要将这些内容进行简化并将其中重要的内容摘录。考虑到学生的实际语言水平，不要求学生阅读全部文献，但对重要的概念需要掌握。在课程的学期教学是一个活动系统，每单元的授课是一个活动系统，每节课也可以是一个活动系统，一节课中师生的某一个小组活动也可以是一个活动系统。以小组活动为例，教师依据课前和学生共同商讨决定的教学目标，设计好小组活动的规则和小组中每一位组员的分工，同时，教师需要提供支持活动的相关中介工具，如教科书、教具等。在小组活动中每一节课都需要一位组员作为主讲教师。

3. 讨论

传统的学习理论将学习看作是个体认知行为，学生通过听讲练习的方式掌握知识，但学生的实际的理论运用能力并没有得到提高。教师在这样的学习过程中扮演着权威的角色，教师的反馈被认为是唯一正确的反馈。学生要根据教师的反馈去不断完善自己的教学行为，以达到熟练掌握的目的，但"熟"不一定能生"巧"，更不能生"新"。这种教学模式依然是行为主义的学习模式，通过强化刺激的方式让学生不断纠正自己的行为，对于学生真正认识教学活动的复杂性帮助不大，学生的体验性不佳容易使学生产生对教学的厌倦心理。恩戈斯托姆的活动系统理论则认为学习是一种社会行为，学习应采用合作学习的方式，提倡一种互动、对话、探究的精神。在教育领域，活动理论模型的提出能够帮助人们更好地审视和理解学习的本质和过程。对于课程设计和课堂教学实践有着重要的启示。基于活动理论视角的高职英语教学中，教师不是知识的唯一来源，学习者不再是被动的接收者，双方通过有效的互动共同构建课堂生态。需要注意的是，活动理论框架设计的课程意味着教学成本的增加，如时间成本、资金成本等，同时对于教师的指导能力提出更高的要求，教师不仅仅需要相关的知识背景，更需要具备为学习者提供及时有效反馈的能力，而这种指导能力恰恰是当下教师教育者需要提升的能力。

第三节 我国高职英语教学现状

一、高职英语教学存在的问题

（一）高职英语教学本身

1. 教学方式单一

目前，我国高职英语的主要授课方式还停留在传统授课模式阶段。所谓传统授课模式属于填鸭式的教学模式：教师在课堂中占据主导地位，将课本中的内容传输给学生，而学生在整个过程中一直处于被动接受信息的状态，很少主动去探索和思考。这种"教师讲、学生听"的授课过程中无法实现师生之间的交流互动。

高职学生的心智已达到一定的成熟阶段,如果单纯处在被动接受知识的状态下难免会对学习英语产生抵触心理,直接影响了最终的学习效果。高职英语课堂的一般流程是先让学生学习单词,然后教师再对课本中的内容逐句地讲解。高职英语教学中,一篇课文的篇幅都偏长,所以需要通过2节以上的课时来完成一篇课文的教授,在这样有限的课时内学生无法接触到更广泛的英语知识,只能局限于课本中。所以,高职英语在教学方式上存在单一性和局限性。

另外,我国英语教学长期以理论教学为主,传统的英语课堂更加重视学生的书写、背诵能力,单一的教学目标使英语课堂变得十分单调,现在已无法满足学生学习英语、应用英语的需求,极大地降低了学生学习英语的兴趣。目前,大部分的高职院校在英语教学活动中仍然注重理论的教学,严重忽略了实践的重要性,使英语教学与生活实际情况之间产生了较为严重的脱轨现象,学生无法将在学校学习到的英语知识快速应用到工作生活中。

2. 教学资源欠缺

英语模式改革的难题主要表现在教学资源欠缺滞后于教学需求,以及英语课时有限。英语教学材料比较单一,英语的学习途径相对有限,只能依赖于高职英语课本,很少有机会和条件能够借助现代信息技术了解和学习英语知识。由于教学资源欠缺,高职英语教学质量的提高受到了阻碍,无法满足教学需求。在有些地区,由于教师落后的教学理念,加之缺少必要的课程资料,甚至出现了教师所讲内容与学生课本严重不相符的情况。学生在学习新知识时,尤其是外语这门语言知识时,由于先天性的原因,在缺乏教材的情况下,学生的学习状态如雾里看花般,在这种状态之下,很难要求学生能够深入学习与掌握新知识。而且,学生对英语的学习一知半解,无法集中注意力,并未从真正意义上理解和掌握内在的含义,会导致学生从心理上抵触英语学习,对学习英语产生消极影响,使整体的英语水平下降。

另外,表现在知识传输无序化,无法形成知识框架。在有的地区,高职英语教材内容是按照校内教研室的要求统一编排的。固定的结构和内容无疑给教师带来了一定的教学压力。一方面,教师开展英语教学活动前要以参照英语课文为主,再拓展相关的课文知识,这可能会导致学生无法明了地将课本和知识拓展联系在一起,造成一定的学习困难;另一方面,倘若教师不以课本内容为依据,用自己的思维方式构架新的课程结构,因为忽略学生的身心发展规律而且每个人的思维方式也有所不同,也可能会造成学生难以更好的理解所学知识,产生厌学情绪。总而言之,无序的英语知识构架给学生和教师会产生一定的影响。由于课本内容单一不丰富，课外资料又不能完全与教材匹配导致学生在课下的自主学习中在其他资料上学到的知识技巧又与上面两者不同，在整体上就造就了知识的无序化，从而严重影响了学生知识框架结构的建立。

3. 教学目标不当

当前高职英语教学存在的问题还表现在教学目标上。英语教学目标的设定没有能够密切结合高职院校及其具体专业的特点，导致教学目标不够完善，无法知道高职英语教育教学活动的开展。基于这种教学目标方面的问题进行分析，最为主要的表现就是教学目光仅仅局限在学生对于英语知识的掌握上，要求学生具备较高的英语考试能力，只是在英语阅读以及写作方面下功夫，忽视了对于英语听和说方面的技能培养，实践层面的教育教学更是存在较为严重的缺陷，无法形成较为理想的学生技能培养效果，同样也不利于高职学生就业后的英语应用，严重限制了英语教学价值。

（二）高职学生方面

1. 学生自学能力较弱

长期以来，高职英语教师在教学中以原教材和课堂为中心，以传统的"教师＋教材＋讲台"教学模式进行知识输入为主导。这种面对面的、直观语言交流的传统教学模式有着自身优势，已培养了许多英语方向的杰出人才。显然，当前高职师生已习惯性接受了这种以教师的为主导和引导的教学模式，既能亲近学生、有着自然的关爱互动，更能实现师生语言直观交流，达到教学中直接指导学生、从而起到当场改错的作用。然而，随着社会发展、现代网络技术及多媒体技术的出现，跨文化语言学习对语言能力的要求越高，传统课堂教学已经无法满足和适应当今高职学生的语言学习需求，加强和提高高职学生英语自学能力迫在眉睫。

高职学生在就业时之所以不具有优势，其中一个重要的原因是其英语综合能力较低。多数用人单位在招聘中，对高职学生的英语综合能力持不满意态度，特别是口语交际能力，所以部分高职院校的英语教学无法培养高水平的人才。很多高职学生通过多年的英语学习，能听懂但无法开口进行英语交流已是一个普遍存在的现象。究其原因，主要是因为许多高职学生在长期的高职英语学习过程中无想法、无目标、无独立自主制定英语学习任务的能力；也没有通过自管、自控取得英语学习方法和通过自主积累英语知识来提高自身英语综合能力的意识；大部分学生脱离课堂和英语教师后，无法进行英语自主学习的训练。

与传统的被动接受式学习模式相比，自主学习作为一种新型现代学习理念，更加强调学生的课堂主体地位，引导学生自主合理分配时间，结合其学习能力及学习兴趣进行有意识的英语阅读听讲、交流实践及语调语气模仿等学习行为。加强英语自主学习是提高高职学生英语综合能力的关键，教育部强力提倡将英语自主学习融入高职英语教育教学中，把培养高职学生英语自主学习能力作为高职英语教育教学改革重要目标之一。因此，大力推广高职英语教学自主学习的建设、探索高职英语教学自主学习模式是当前高职英语教育教学工作的重中之重。

2. 学生基础参差不齐

高职院校在大量扩招，但是在扩招的过程中，学生的基础水平参差不齐的问题也就浮现了出来，可能有部分学生是通过高考进入学校的，也可能有部分学生是通过单招等方式进入学校的，而这两种学生的英语基础是不相同的。很明显，通过高考进入学校的学生英语水平会比单招的学生要好很多，这也给学校带来了教学难题。通过高考进入学校的学生英语基础好，教师在上课的过程中能够更快速地融入课堂当中，与教师进行交流，更好地提高英语的应用能力，而通过单招进来的学生底子不好，不容易跟上教师的脚步，导致对英语这门学科不感兴趣，因此教师在教学的过程中会降低难度，让单招进来的学生更好地融入课堂，但是这样一来基础好的学生会觉得过于简单，课堂太枯燥了，并不适合他们的学习。

因此，教师在教学的过程中会出现问题，如果按照正常的难度讲课，基础不好的学生跟不上，久而久之会降低对英语这门课程的喜爱程度，如果降低难度，基础好的学生就会觉得教师的教学对他们的英语提升没有明显的帮助，久而久之也会降低对英语这门学科的好感。如果这样长时间下去，课堂的氛围就会死气沉沉，课堂上也只会有教师一个人在讲课，下面没有学生听讲，更别说提升学生的英语应用能力了。

（三）高职教师方面

1. 教学方法滞后

高职英语教学在现阶段的具体问题还表现在教学方法上，因为教师所用教学方法相对较为滞后，仅仅沿用传统的课堂教学模式，由教师进行教材内容的讲解，学生只能够被动接纳和学习，由此也就很难形成良好的学习成效，甚至会导致高职学生越来越抵触英语学习，各方面技能的掌握效果同样不佳。虽然当前高职英语教师接触和掌握的先进教学方法越来越多，但是真正能够应用到高职英语课堂教学中的并不是特别丰富，尚未发挥出最优作用价值。比如，当前高职英语教学中虽然也普及了多媒体技术，但是多媒体资源的选择应用却并不是特别理想，在教学中尚未能够发挥出良好效果，表现出了明显的形式化特点。很多高职英语教师仅仅是利用多媒体设备来播放固定的英语课件，没有结合自身专业特点以及高职学生的实际状况进行灵活调整，在应用过程中同样也稍显刻板，如此也就必然会影响到高职英语教学成效，导致新型教学路径无法发挥出应有作用价值。

2. 教学过程理论化

现阶段，高职英语教师将课本内容作为最主要的授课媒介，他们过于追求书本中理论性的知识，而忽视了英语在日常生活中的实践运用。如果教师在教学过程过于注重理论化知识的学习，那么英语作为交流工具来说就失去了它本身的意义。学生在被动学习的状态下也会逐步失去自主能动性的发挥。英语的本质是用来交流的，但现阶段的高职学生虽然掌握了很好的书面理论知识，但是学生的口语交际的能力却相当的差，即所谓的"哑巴式英语"。高职的教学环境普遍都比较轻松和自由，那么在这种环境下更应该注重学生英语实际运用能力的提高，过于书面化的教学手段并不利于提高学生英语的综合运用能力和口语交际能力。英语作为一门实践性很强的学科，只有在大量的实践活动中才能有效提高学生的英语运用能力和交流能力。而现在的高职英语课堂却更注重培养学生的书面阅读能力和写作能力，教学重点停留在培养学生对语法知识的掌握和对文章的解读方面，因此学生缺乏实际应用英语的机会。

3. 忽视英语交际能力

四六级考试作为评定学生英语水平的主要标准，这使得英语教师将教学内容的重心放在书面知识和书面阅读表达能力的培养上，而英语作为一个语言交流的工具，其本质还是在于实际的交际能力。就目前来看，学生为了能够顺利通过四、六级考试，教师和学生都把主要的精力用在了语法知识点学习、积累词汇量以及答题技巧上，忽略了对实际的英语交际能力的培养。

当前，注重语法知识点的学习并不是提高学生英语交际能力的主要途径，理论知识教学只能让学生的英语能力通过卷面考试。虽然有的高职院校也请了外教来辅助英语教学，但外教在整个教学过程中也只是起到一个点缀作用，并没有将外教的在语言交流方面的优势充分发挥出来。基于这一现状，根本原因还在于无论是教师还是学生都没有充分认识到英语交际能力的重要性，只是片面地追求考试成绩的达标。

（四）高职院校方面

1. 受重视程度不足

高职英语教学的重要性不容忽视，虽然目前几乎所有高职院校都设置了英语教学课程，但是在受重视程度方面依然存在着明显不足，进而导致英语课时相对较少，甚至一些高职院校教育管理人员以及教师存在着去英语化思想，严重制约着高职院校英语教育教学效果。因为高职院校教育管理者以及教师认为高职院校的生源并不是特别理想，高职学生毕业后也往往从事于一些并不是特别高端的职业，英语貌似并不具备重要价值，进而也就产生了严重轻视的现象，对于英语教学的关注度以及投入度不足，最终影响高职英语教学成效。从学生层面来看，因为学生自身意识不到英语的重要性，认为自身毕业后的工作环境也不会和英语存在密切关联，因此也就导致自身越来越轻视英语学习，在英语课堂学习过程中无法体现出较高的参与度和积极性，存在严重的被动应付局面，无法取得理想学习效果，在英语知识和技能的应用方面更是存在明显缺陷。

2. 课程设置没有贴合学情

高职院校通常都是三年制，但是实际的在校时间并没有到三年时间，因为学生到大二之后需要到校外实习，因此学生需要在这些时间内学完学校的全部课程。这导致许多的高职院校都会选择在大一期间就让学生把英语这门课程学完，可能会有少数高职院校会在大二期间开设英语相关的选修课，但这也是远远不够的。即使是英语专业的学生，也并没有足够的时间去学习，而且还存在其他专业的教师来兼职英语教师的情况。

这样的英语学习环境是非常不好的，在这种情况下开设英语课程是完全没有效果的，并不能体现出英语这门学科的价值。学生在该学习环境下学习，并不能提升英语水平，甚至会起到反效果，更不用说培养学生的英语实际应用能力，非常不利于学生的英语口语交流。

3. 过于强调考试通过率

如今许多高校都会要求学生通过四、六级，但是高职院校通常不要求学生通过这两个等级考试，而会安排学生参加英语应用能力A、B级的考试，并且高职院校非常重视该等级考试，甚至用不通过就不能毕业去影响学生，让学生积极地参与到该等级考试当中。但高职院校的学生，底子都比较薄弱，英语的学习能力不是很强，并且在学校的要求下，学生的英语学习压力也会增加，导致学生将许多的精力都投入到A、B等级考试当中，这样并不会提高学生的英语学习能力，反而消耗了学生大量的时间，对学生其他学科的学习也是非常不利的。

4. 师资力量及水平有限

高职院校注重生源，学生的数量得到了保障，但是师资力量完全跟不上，并且高职院校公共基础课师资力量补充也不及时。部分高职院校英语教师更是少之又少，并且每一位英语教师的教学能力都是不同的。比如：一些稍微上了年纪的英语教师，通常还是采用传统的英语教学模式去进行教学，而这并不能迎合高职院校英语教学改革策略，并且传统的教学模式也会让学生感到枯燥，不能将注意力放在课堂上，在这种情况下对学生的英语学习是非常不利的，课堂也没有体现出该有的效果。

师资力量有限也导致许多高职院校将英语这门学科设为大课堂，也就是将许多班级的学生都放到一个教室中学习。在这种学习环境下，教师并不能顾及大部分学生，并且学生在这种学习环境下也不能做到认真学习，更别说提升学生的英语应用能力了。并且，高职院校的教师都注重教学英语知识，并没有跟学生开展英语应用相关方面的教学，这也非常不利于学生的英语交流，无法提升学生的英语应用能力。

二、高职英语教学的问题解决策略

（一）高职英语教学本身

1. 更新教学内容

高职英语教学在未来的创新改革还需要具体落实到内容上，要求针对英语教学内容进行不断丰富和更新，以便满足新时代发展下的高职英语教学要求。具体到高职英语教学内容上，首先应该在各个不同专业学生的教育中表现出明显差异，在凸显高职英语教学特色的基础上，围绕着各个不同专业学生在未来工作可能会涉及的一些英语知识进行教学，促使其可以表现出更高的岗位胜任力。这也就需要在高职英语教学中充分融入一些相关专业英语知识，尤其是在有关于翻译的教学活动中，更是需要凸显专业性和针对性，满足学以致用的基本要求。比如，对于高职机械专业的学生而言，在学习英语相关知识时，除了要掌握基本的英语知识和技巧，往往还需要重点关注与机械专业的相关专业词汇，确保高职机械专业学生能够更为全面掌握自身专业相关的英语知识，便于自身在未来行业发展中占据一席之地，同时也确保了英语知识学之有用。比如，在高职一年级学习"*How to Adapt to College Life Quickly*"时，教师除了可以引入高职学生活相关知识内容，还可以引入具体专业以及未来就业后行业相关信息，以此更好丰富教学内容。此外，未来高职英语教学内容的更新还需要重点考虑到实践层面的内容，要求教师能够适当设置一些实践教学活动，让学生在实践中进行英语知识的灵活运用，以此更好凸显高职应用型人才培养的特点，达到学以致用目的。英语教师可以和专业课教师相结合，在高职学生参与实训或者是岗位实习时，能够促使学生更好实现对英语知识的灵活运用，将其作为重要教学内容，体现英语教学价值。

2. 明确教学目标

未来高职英语教育教学水平的提升还需要重点落实在教学目标上，只有在教学目标明确的基础上，才可以对高职英语教学工作形成科学指导，解决以往英语教学中存在的明显片面化问题。从高职英语教学目标明确上来看，教师应该高度关注高职学生在英语"听、说、读、写、译"等多方面能力的培养，要求促使学生能够在英语学习后，掌握尽可能多的英语技能，达到更为理想的学以致用效果，避免仅仅为了应付各类考试。因此，未来高职英语教学应该重点围绕着这些具体技能开展教学活动，逐步丰富教育教学内容，尤其是对于以往相对欠缺的听、说方面，更是需要设置相匹配的教学环节，促使学生可以掌握相应技能，为自身就业后的实际应用提供支持。在上述大方向上的教学目标得到明确后，教师还需要结合具体教学情况以及高职学生英语学习特点，将这些教学目标进行细化，促使其能够具备较强的可行性特点，以此更好实现对于后续教育教学计划的有效设定，促使学生可以在完成这些教学目标后，具备较高的英语学科素养和能力，达到学以致用的教学目的。比如，在学习"*Career Planning*"相关内容时，教师就可以引导学生明确自身职业规划所需要的相关英语知识内容，并且将其细化为具体学习要点，以此增强教学实效性。

3. 创新教学方法

高职英语教学改革优化还需要具体表现在教学方法上，只有教学方法得到不断创新，才能够在调动学生英语学习积极性的基础上，更好地提升教学成效。对于高职英语教学方法的创新而言，首先应该重点关注于多媒体技术的灵活运用。教师应该避免直接拿来现成的多媒体课件应用，要根据教学目标以及教学内容，自行设计多媒体课件，以此更好完成自身教学任务，发挥多媒体技术的辅助教学效果。因为只有教师执行制作的多媒体课件才能够更好契合高职学生英语学习特点，促使上述教学内容和教学任务得到优化落实，避免教育教学活动流于形式，同时最大限度地发挥出多媒体教学手段的应用价值。此外，为了促使学生对于英语知识的掌握更为理想，具备学以致用效果。教师同样也需要积极引入一些实用型教学方法,如情境教学法以及项目教学法等,都可以灵活设置运用。教师可以结合教学内容和目标,为学生设置相匹配的教学情境,然后让学生在相应情境下展开英语知识和技能的学习,并且同时学以致用,可以和自身专业相结合,最终更好提升英语教学价值。比如,在"*How to Answer Questions in an Interview*"教学中,教师就可以直接营造面试场景,让学生在面试中进行模拟英语回答,以此增强其英语技能。

(二) 高职教师方面

1. 加强学生基础知识输入

语言基础知识的输入是英语学习的一个关键点,语言习得是需要在英语语言环境中进行互动练习的。基础知识的输入有多种方式:首先,背诵是学生增加语言输入的捷径,在背诵过程中,教师应当给予相对应的指导,如解释文化背景、习语和解释可能阻碍理解的短语;其次,进行扩展阅读也是语言输入的好方法,广泛的阅读和学习理解文章的思维方式,有助于弥补学生写作中的不足,纠正中式英语的思维。由于对词汇缺乏深入的理解,学生经常在搭配不当方面犯错误,如用词不当。高职学生仅仅掌握教科书上的知识内容还不够,教师应该为学生提供课外的英语阅读材料。通过阅读,学生可以区分语句在上下文中的意义和用法。最后,教师需要在课堂和课后创造英语学习环境,教师可以要求学生在相对实际的情况下练习。例如,学生可以进行角色扮演活动,体会英语语境。学生也可以通过看英语原音电影或听英语歌曲来提高英语水平。这样做不仅可以纠正学生对话中的发音和语调,还可以提高学生使用标准英语语法的意识。

2. 发挥学生的主体地位

要想真正创新高职院校的英语教学,一定要改变学生的地位,区别于传统教育一定要在课堂上体现出学生的主体性,教师在教学的过程中,要将课堂的大部分时间让给学生,这样能够让学生充分融入课堂当中,激发出学生的求知欲,学生才能够自主地进行学习。通过多媒体技术与互联网技术丰富课堂,更有利于学生的英语应用能力的提升。比如,教师在讲授"东西方文化差异"这部分的内容时,先让学生了解西方的文化是怎样的;然后,让学生通过互联网技术去查找有关中国文化的内容;再进行下一步,让学生制作PPT,学生将查找出来的中国文化内容制作成PPT;最后让学生上台演讲,讲述PPT当中的内容,而教师在学生讲述的过程中不要打断学生的演讲,教师要做到让其他学生安静倾听该学生的演讲,并且当该学生讲述完成后,教师要将学生的一些不足之处提出来,如发音不对、没有正确运用语法等，这样能够提升学生的英语口语能力，为学生日后的英语交流打下牢固的基础。

3. 积极引入新媒体教学

（1）新媒体应用下使得英语教学资源丰富化。随着互联网以及信息技术的发展，人们足不出户就可以轻松享受丰富的教学资源。高职英语的课堂将新媒体技术广泛应用，可以为师生提供丰富的教育教学资源。例如，针对英语的某一节课而言，教师在课堂的教学中，除了能把课本上的知识讲解给学生，更是可以通过新媒体技术，使学生都能得到更多与课本内容相关的知识。这种知识的讲解，能够让学生切实感受到，改变了以往教师单一讲解的授课方式。新媒体技术应用于英语教学之中，不仅丰富了以往课堂的教学形式和学习内容，还能够为学生和教师进行英语训练和检测。在课堂进程即将结束的时候，教师能够利用新媒体网络平台搜索相关的课堂知识，对学生进行及时的随堂训练。这样既能够使学生清晰认知到自己对所学的掌握程度，及时查漏补缺，加强学生对课本内容的巩固和运用；也能够帮助教师利用随堂测验及时有效了解学生的学习情况，及时调整教学进度，提高教师的自我反思和教学水平的认知，使英语授课方式更加完善。

（2）有助于激发学生的学习兴趣。以往的英语教学模式形式比较单一，过于强调教师的主导作用。教师讲什么学生听什么，忽视了学生的主观能动性，容易使学生对英语产生抵触情绪以及厌倦心理，不利于学生英语兴趣的提高。长此以往会阻碍高职英语教学水平和质量的提升。高职英语的课堂将新媒体教学引入其中，为传统的教学注入了新元素，丰富了课堂内容和形式。这种教学模式对于学生来说是新颖的，以前从未接触过的，能够激发学生求知欲和好奇心，有助于集中学生的注意力，使其聚精会神地参与到课堂学习之中，更轻松地掌握课堂知识。由于在最开始阶段的成功进行，学生会通过最开始几节课堂的体验，逐步接受且适应这种新型教学手段。相较之于传统的高职英语不同，在课堂的授课环节中，学生接收到的不仅仅是教师的语言与课本上的文字知识，更可以通过新媒体了解到与本节课有关的教学视频或者动画，由此提高主动学习的积极性。这种新的教学手段改变了以往高压的英语学习氛围，缓解和释放了学生和教师的压力，使得师生在轻松互动良好的学习氛围中学习相处，从根本上激发学习兴趣和提高学习效率，进一步提升英语的教学质量。

（3）有助于减轻教师的工作负担。新媒体教学手段由于互联网的存在，教师可以从以往查找资料、备课、写教案的繁重工作之中解放出来。空闲出来的时间用来更加具有针对性的指导学生。首先来说，在日常的英语授课中，教师对于高职英语教学资源的需求完全可以通过互联网络平台得以满足，避免了教师费时费力翻阅资料的情况发生，通过网络随时随地将资源进行筛选和下载。与此同时，像英语单词和短语的教授完全可以直接利用新媒体教学方式进行播放和讲解，也避免了英语教师口音或者发音不标准的情况发生。此外，教师可以借助新媒体上现有的 PPT 英语教学课件，既节省了书写板书的时间也提高了英语课堂学习效率。因此，教师可以利用新媒体优点进行高效率教学。但由于新媒体的融入不代表完全弃用传统的教学方式，因此在展示影像等资料时，要从旁对学生进行适时的引导，使学生能够对影像资料有一定的了解，才能使学生不因为资料的枯涩难懂而丧失学习的兴趣。通过新媒体的融入，可以让学生能够更快地进入所要学习的知识内容当中，同时也给教师减轻了一定的负担。在课程结束后，教师还可以通过新媒体技术，给学生发放课后的课外资料，使学生能够在了解课程内容的基础上，自学课外内容，从而拓宽学生的知识范围，增加学生的知识储备。学生有了更多的知识储备，对于英语的学习会起到事半功倍的效果，而且通过这样的方式，学生还能够在接下来的教学中更好地融入自主学习当中，从而能够较为容易地掌握新的知识内容。

（4）新媒体手段使得教学方式多样化。随着高职英语教学改革的不断发展，过去的英语教学无法满足当前社会对人才的需求。英语教育改革需要与时俱进，将抽象的内容生动具体化，将单一的模式丰富化、多样化。例如，现阶段的高职英语教学要求调整师生角色。教师要以学生为本，重在发挥学生的主观能动性，根据学生的实际学习情况实事求是开展教学活动。针对问题引导学生以自由讨论的方式加强学生和学生之间的交流和互动，激发学生的学习兴趣和积极性。同时还要尊重学生的个性，根据学生的性格以及身心发展规律的不同，因材施教，确保每个学生都充分地参与到英语学习之中，将学生优势和潜力发挥到极致。帮助学生找到自我，增强自信心。以英语课堂中的回答问题为例，过去的英语课堂会要求学生举手发言表达自己的观点，对他们来说是被动的。因为主动权在教师手中，需要教师发现并且点到自己时才可以发表言论。外加课堂的时间有限，教师无法将每个人的观点都能提问到。但是通过新媒体的教学手段，可以减少了不必要的环节也减轻了教师和学生的负担，极大提高了教学质量，节省了师生的宝贵时间。

(三)高职院校方面

1. 提高重视程度

为了体现出更强的教学效果，确保学生能够在英语学习后取得更为理想的成效，往往需要重点围绕着重视度予以提升，确保英语教学能够在高职院校教育教学体系中占据重要地位，将其作为必不可少的关键课程，尽可能避免课时不足或者是支持力度不足带来的隐患。基于此，高职院校应该针对英语教学的重要性予以明确，充分意识到英语对于高职学生未来发展以及自身教学质量提升的重要价值，进而才能够有目的地予以适当倾斜，确保英语教学活动可以得到有序开展和落实。对于高职英语教学中至关重要的师资力量而言，更是需要引起高度关注，要求高职院校能够根据自身学生数量以及英语课时量，合理安排充足的教师，并且确保这些教师均具备较高的资质和教学能力，有助于较好保障教育教学工作的优化开展。此外，高职英语教学重视度的提升还需要表现在学生层面，要求针对学生进行必要教育和引导，促使其意识到英语和自身未来成长的密切联系，如此也就必然可以较好提升其在英语学习中的投入度，尽可能降低学生层面存在的消极应付程度。只有在激发学生英语学习内动力的基础上，才能够更好实现对于高职英语教学效果的优化和改善，解决来自学生层面的阻力和制约因素。

2. 积极开展分层教学

正是因为学生的基础参差不同的问题，高职院校在进行英语教学改革的过程中，应当重视这一因素，提出分层教学的理念。什么是分层教学呢？顾名思义，分层教学就是将学生分成不同的层次去进行教学，当新生入学的时候，统一对学生进行摸底考试，然后将学生的成绩进行统计，然后对学生进行等级评估，然后按照学生不同的等级制定相应的教学计划。比如：将学生分为三个等级，分别是A、B、C，然后制定A等级的分数、B等级的分数以及C等级的分数，将学生分布到相应等级的班级当中。这样开展分层教学后，能够解决学生基础参差不齐的问题，让每个班级学生的英语基础水平都处于同一个水平面，这样教师能够更好地开展教学工作，不用再担心学生的基础问题而导致教学效率不高的情况，并且分层教学能够更加明确教学方向，教师的教学计划也非常有针对性。比如，C班的学生，基础都比较薄弱，而教师就可以从提高基础入手，提高学生的英语学习效率，这样才能够有利于培养学生的英语应用能力。而且，教师还要重视教学的方式，不能够一味地采用传统的教学方式进行教学，要结合多媒体与互联网技术去进行教学，活跃课堂氛围，激发出学生的学习兴趣，让学生全身心投入到课堂当中，积极配合教师的教学，提升学生的英语学习能力，不断缩小学生的差距。

3. 举办丰富的英语活动

积极举办丰富的英语活动，提升学生的英语应用能力。课堂的质量虽然跟学生的英语应用能力有重要的关系，但是也不能忽略课外活动，课外活动的开展非常有利于提升学生的英语应用能力。学生在进入高职院校之前，接受的都是比较传统的英语教学，即在努力地学习英语，但也只是在做题方面，主要是为了应付考试。这就导致学生在进入到高职院校之后并不能流利地用英语进行交流，大多数学生英语口语能力都非常弱。所以，高职院校在促进英语教学的同时，也要积极举办丰富的英语活动，吸引学生积极参与到活动当中。通过活动，能够让学生在其中不断的练习英语口语，提升学生的英语应用能力。

另外，英语教师也可以举办各种活动，如演讲活动、英语沙龙活动等，让学生积极参与到活动当中，这样不但提升学生的英语应用能力，还能够丰富学生的课余生活。比如，教师可以举办一次英语比赛，比赛的内容是"用英语说明如何练习英语口语"，让学生都积极参与到比赛当中，而学生在准备的过程中，会不断地去用英文进行演讲，从而达到了练习英语口语的目的，并且学生在上台演讲时也能够提升英语应用能力，不需看名次，只要学生参与到其中就能够体现出此次活动的价值。

第二章　高职英语专业建设

专业英语是高职英语教学的主要发展方向之一。学生走出高职校门之后，不可避免地会用到专业英语，专业英语匮乏会导致学生学习与工作的脱节，也不符合社会人才选用的要求。本章将围绕商务英语专业英语建设、旅游英语专业英语建设以及医学英语专业建设具体展开论述。

第一节　商务英语专业建设

一、商务英语的概念

商务英语从概念范畴看属于以专门用途为目标的英语（ESP），学生能够对英语本身具有准确的知识把握能力和灵活的应用能力是商务英语培养的重要目标。国内学者林添湖指出，理解商务英语需要把它置身于国际商业环境下来考核其对于英语的实际应用和对问题的应变处理能力。商务英语教学必须注重时效性和投入产出比，将英语本身的工具性特色和其在商务往来中的综合应用相结合。商务英语作为专门用途英语的一个分支，其核心内容是商务事宜，根本方法是对英语本身的掌控和熟练使用，进而解决商务中的存在的问题，满足社会对此类人才的需求。它最主要的特色是教学的专业性和应用性，实用、可用是商务英语的根本衡量标准。

二、商务英语建设的重要性

（一）激发学生的英语学习兴趣

商务英语专业英语教学中，教师通常会创设职场仿真情境让学生进行对话，教学过程中会用到许多先进的设备及手段，如模拟器硬件设备、多媒体等现代化教学设备，进而对学生产生感性刺激，以此激发其英语学习的兴趣。教师会采取小组对话模式、小组合作模式等教学手段，为学生营造轻松、活泼、有趣的课堂氛围，以此激发学习兴趣，提升学习动力。

（二）提升学生的口语表达能力

对英语教学而言，传统教学模式中教师将英语知识作为教学重点，对英语听说读写方面也会提出一定的要求，但商务英语专业英语教学模式中教学重点则是学生在专业方面英语能力的运用，这符合未来职业所提出的专业交际要求，所以商务英语建设应用于商务英语专业课程具有重要的现实意义。

（三）增强学生的职业适应能力

商务英语建设，其目的在于提高学生的职业英语水平，在具体的教学过程中以学生未来职业生涯中可能需要的英语口语表达能力、英语书写能力以及英语听说能力等作为教学重点，将英语知识同其专业知识进行有机结合，通过创设英语情境来练习专业知识，不仅体现出语言本身所具有的交际目的，还可以增强学生的专业知识水平，为其未来的职业生涯做好准备。

三、商务英语建设中存在的问题

（一）中西方文化差异

语言是文化的载体，语言表达受社会文化的影响，中西方文化差异无疑会给英语技能的提高带来障碍。英语技能的培养离不开对西方文化的了解。由于课时量有限，商务英语专业在课程设置中删减了有关西方文化的课程内容。由于对西方文化缺乏深入了解，学生的汉语思维方式根深蒂固，无形中影响着英语技能的习得，容易形成中式英语的表达。此外，许多高职院校虽然聘请了外教担任英语课程教师，但多数情况下，外教对商务英语专业技能的培养目标不甚了解，无法有效地进行教学。

（二）课程设置问题

对学校而言，人才培养方面的目标是通过课程设置体现出来的，课程设置不仅是课程计划的表现形式，也是人才培养中至关重要的一环。其中，商务英语的开设离不开科学、系统的课程设置，只有课程设置具备科学性、合理性以及系统性，才能培养出既精通语言知识又知晓专业知识的综合型专业人才。现阶段，我国在商务英语方面的课程模式主要有三种：其一，以商务方向为主的 ESP 拓展模式；其二，全英仿商科形式的教育模式；其三，商务英语专业开设的学科课程模式。其中，第一种课程模式以基础英语结合专门用途的英语形式为主，是现阶段商务英语专业中选用最多的一种模式。该模式的主要缺陷是后续英语作为专门用途的教学也只是围绕专业英语进行教学，而忽略专业知识；换言之，就是只重视英语，而忽略商务。后面两种教学模式更注重语言水平以及相关的专业知识，但在具体实施过程中对教师师资以及课程设置方面的要求比较高，难以大范围推广应用。基于此，在课程设置时必须考虑课程内容、开设方式以及开设顺序等因素。

（三）学生自身问题

1. 学习动机不足

从心理学角度而言，动机可以划分为内外两种。内动机主要指的是学习者对学习的内在兴趣、成就需要等各种内在因素所引起的学习动力，外动机主要指的是外在奖惩等各种外部因素所激起的学习动机。相关研究发现，学生的成绩和学习动机息息相关，动机越强，成绩越好。目前，商务英语专业的学生大都缺乏足够的学习动机，有些学生步入高职院校后没能及时适应新环境，从原本高度紧张的高中环境一下进入相对自由宽松的高职院校环境后，学习态度便比较散漫，且缺乏明确的学习目标，加之失去了教师的严格监管，使得在外学习动机急速下降，进而失去学习兴趣，影响学习效果。

2. 英语基础较薄弱

英语技能的提升要以良好的英语基础为前提。近年来，高等职业教育的招生规模不断扩大，且招生方式发生了变化。学生无需参加高考，可通过提前招生或注册入学的方式就读高职院校。录取门槛降低，学生的英语基础薄弱也就不难理解了。此外，就商务英语专业的录取方式来看，大多数院校在招生环节并没有设置英语加试，有些商务英语专业学生的英语基础甚至不如其他专业学生。

英语基础薄弱主要体现在以下三方面。第一，英语语法薄弱，词汇量匮乏。语法和词汇是英语学习的基础，相当一部分学生对语法和词汇的掌握欠佳，甚至达不到基本要求。第二，英语语音不够准确，表达流利度欠缺。英语技能离不开良好的英语语音，而语音不准确也是许多学生面临的问题。第三，听力水平不高，语言组织能力弱。在语言学习中，听说能力相互影响、相互作用，听力水平差直接影响英语能力的培养。

3. 学习意愿不强

很多商务英语专业的学生对于英语学习的意愿不强，兴趣不浓。他们对商务英语专业的人才培养目标不够了解，缺乏明确的学习目标。此外，由于英语基础薄弱，部分学生对英语学习产生了畏难情绪，自然影响了主观能动性的发挥。在传统的英语教学模式中，教师大多采取填鸭式教学法，枯燥的英语学习容易使学生产生疲倦感，在完成各类学习任务时，执行力和参与度不够，敷衍应对，有些甚至产生了逃避心理。在教学过程中，教师如果不能加以正确引导，并及时调整、优化教学方法，势必会导致学生对口语学习缺乏自信和积极性，进而影响整体教学效果。

4. 重视程度偏低

相当一部分高职商务英语专业的学生希望通过"专转本"考试进入本科院校继续学习。专转本考试一般采用笔试形式，旨在考察学生的语法、词汇基础和阅读、写作能力。英语四、六级考试也是如此。在考试的影响下，英语教学只注重语言知识点的讲授，忽视了专业英语技能的培养。此外，适合商务英语专业的英语教材较少，且教材内容陈旧、体例不够科学、偏重理论化。

（四）师资建设问题

从事商务英语专业教学的教师大部分来自英语语言专业的，对于其他专业知识不太熟悉，这对商务英语专业学生掌握英语能力造成一定的影响。所以需对教师进行专业分流，使其掌握该专业有关的基础知识、工作任务、专业词汇、相应句法以及专业文体等。此外，有的英语教师在多媒体技术和网络技术的教学应用方面还比较欠缺，现阶段大部分教学课件和各种网络课程是用文字形式进行呈现，照搬教材，缺少必要的互动环节，有些教师对于在网络环境下如何开发课程、选择材料、组织活动、评价效果等感到十分茫然。基于此，商务英语专业的英语教师需提升计算机和网络应用方面的知识，提升课件制作能力，进而提升教学效果。构建科学、有效的英语教学模式，不但可以让学生在模拟情境中演练所掌握的语言技能，实现边学边做的学习模式，还可以将英语教学融入学生的整个学习过程，既锻炼了学生语言实际应用能力，确保学习效果，还可以有效提升其英语学习的积极性和主动性。

（五）第二课堂建设问题

第二课堂的建设内容与第一课堂的教学内容有关，指在规定的教学时间外依据本专业特点和内容进行教学。商务英语专业的英语教学最大特点便是实践性，在模拟实践教学中，商务英语专业学生的英语能力可以有明显的提升。下面基于产教融合，谈一谈商务英语专业英语教学第二课堂建设存在的问题。

1. 脱离企业需求

近些年，因为场地和经费等诸多因素制约，高职当前商务英语专业教学第二课堂教育普遍借助软件工具模拟有关情境，进而使学生们大致了解操作流程，并且通过软件工具扮演不同角色。在此过程中，学生可在一定限度上掌握外贸业务具体流程。然而，这并未真正实现和行业企业的充分对接。所以，商务英语专业学生于知识理解层面仍具有局限性，亦无法了解企业真实需求。此种第二课堂教育模式，尽管可使学生大致了解当前外贸企业业务开展流程，但实际上软件工具所模拟的商务情景存在明显局限性，也难以随着企业需求的变化而及时更新。同时，通过软件工具进行实践操作，亦无法把工作岗位中存在的突发问题进行全面、综合的考量，在某种意义上可能会造成学生群体在具体工作中遇到无法快速解决的难题。并且此种方式具有较强虚拟性，学生无法在这一教育活动中产生深刻感受和体验，在学生遇到实际工作问题过程中，则难以把所学理论灵活应用实践中。所以，这便使得商务英语专业的英语第二课堂教育内容与企业现实需求形成差异。

2. 过于形式化

实际上，商务英语专业英语第二课堂教育是学生依据商务英语专业知识，展开实践技能操作、锻炼自身实操能力、提升商务英语专业能力的主要方式，是对专业理论的实践运用。学校应组织学生参与外贸企业实习，亦可借助专业实践中心建设来定期提供实训项目锻炼服务，根据实训项目难度培养学生专业技能水平以及专业英语水平，使学生可有效服务于日后职业发展，真正实现优秀人才资源的良性输出。现阶段，商务英语专业第二课堂建设仍存在形式化问题，具体呈现在教育形式层面，其教育形式较为单一且欠缺指导性实践教育，甚至部分学校会通过简单的论文形式替代第二课堂实践教育。商务英语专业英语第二课堂建设浮于形式，且缺乏足够的指导教师，多数教师均是专业课授课教师或基础学科授课教师兼职指导教师，这部分教师实践经验相对不足，难以为学生提供指导性与建设性意见，只能任由专业学生独立展开实践操作。

3. 欠缺有效运行机制

近年来，部分学校逐渐重视产教融合发展对商务英语专业英语第二课堂的建设，并开始展开有关研究工作，但是部分学校尚未构建有效的产教融合运行机制，存在双方利益失衡的问题，导致双方难以实现长远发展。一般来说，校企双方通常会过度注重短期利益，建立短期合作办学关系，而合作模式旨在为学校在企业中寻找学生实习实训场地，而企业方面则是追求在学校中获得人力资源，校企双方的合作办学仅仅为了利益互换，并非真正进行合作发展，双方均未提高对产教融合的重视程度，致使产教融合流于表面，无法为商务英语专业英语第二课堂建设提供助益。此种产教融合模式相对浅薄，双方积极性偏低，企业也未能在合作过程中获得相应利益，所以不愿为学校方面提供丰富的实践资源，导致学生实训项目开展受到限制。在此影响下，学校方面也难以实现第二课堂的有效建设，不但难以提升学生专业实践水平以及专业英语能力水平，亦会浪费其学习时间，最终导致学生生成厌恶心理，对其日后职业发展以及就业创业带来反向影响。

四、商务英语建设中问题解决策略

（一）课程设置符合专业特性

1. 明确教学目标

高等职业教育培养的是适应社会需求的高素质应用型人才。英语技能是商务英语专业学生服务社会的重要技能，是他们在校期间需要熟练掌握的主要技能之一。针对商务英语专业面向的职业岗位群，商务英语专业人才培养方案提出了较为清晰的英语能力培养目标。为了帮助学生消除障碍，提升英语教学效果，教师应从商务英语专业课程的教学目标出发，设计适合学生的教学方案，创新教学手段。

首先，教师要狠抓学生英语基础水平，重视全方位能力的培养，在帮助学生夯实语法、词汇基础的同时，努力提高学生的英语理解能力、表达能力、阅读能力和翻译能力。其次，教师要对学生的英语水平有较清晰的认识，因材施教，激发学生学习英语的兴趣，帮助学生养成良好的学习习惯。再次，教师要围绕典型工作任务和未来职业岗位要求，认真组织学生开展英语综合能力训练，在夯实语言基础的前提下提升英语技能的专业应用水平，培养更多优秀的创新型和应用型人才。最后，教师要统筹考虑商务英语专业的特点，加强学生对西方文化的了解，帮助学生消除中西方文化差异带来的学习障碍。

要想明确教学目标，开展商务英语专业英语的课程建设，推动其内涵式发展，就必须结合现阶段的社会需求，准确定位学生的发展方向，制定科学合理的教学目标，并结合学生的特性选择符合其发展的道路。此外，还应结合行业发展的实际情况和对专业英语的具体需求，对商务英语专业的英语教学内容进行优化。在制定教学目标时需以学生的实际需求为出发点，结合学生的差异性，有针对性地制定教学目标，以激发学生学习兴趣入手，培养其实践应用能力。在教学过程中不但要注重考试成绩，还应对学生进行英语听、说、读、写方面的考核，结合不同职业对专业技能的需求，对学生进行定向培养，确保学生所学知识能够在现实中应用。在商务英语专业的英语教学中，教师需注重教学实践环节的实施，为学生创设模拟专业的教学情境，使其在仿真环境利用所学专业英语进行沟通交流和解决问题，进而了解学生对所学英语知识的掌握程度。例如，组织学生进行仿真性教学活动，不仅可以提升学生对所学专业的了解，增强其行业代入感，还可以激发学生的学习积极性，进而提升课堂教学效率。在优化课堂教学内容时，需对所涉行业进行基本了解，积极探索其中可以激发学生学习兴趣的切入点，注重兴趣教学和引导教学，进而培养学生独立思考的良好习惯。在教学过程中，教师应积极创新思维，拓展教学思路，充分利用网络技术和多媒体技术，开展演示化英语教学，真正做到以兴趣促进学习、以思维带动发展，进一步完善商务英语专业的英语课程体系建设。

2. 建设教学教材

对于高职专业的英语课程教育而言，教材是其具体实施的重要载体，英语教材与教学质量有直接的关系，现阶段高职商务英语专业英语教学采用的教材多以公共教材为基础发展而来，缺乏一定的职业性和互动性。所以，在商务英语专业英语教学中推动专业英语课程模式，需结合学校的专业特色，有针对性地对专业英语教材进行编写，也可结合当地企业对商务英语专业人才的实际需求研发独具特色的专业英语教材。

因此，教师应重视高职商务英语专业英语教材的选择、使用和开发。选用适合学生实际的教材是因材施教的基础。这要求教材不仅能从语言角度提供大量的专业表达，还能体现商务英语专业英语的特点和实用性，具有紧密结合实践、教学任务性强和内容新颖的特点。教师在教学过程中要加强调查研究，注重积累教学资料，将信度和效度最好的教学资料编制成教材，并根据学生和教学的实际情况及时调整，避免过分依赖教材或拘泥于教材本身的结构和内容。

3. 确定学生主体地位

商务英语专业的英语教学中，教师需以学生作为课堂的主体，充分调动学生的学习兴趣，培养学生的自主学习意识。教师在开展英语教学活动时需结合学生的学习能力、学习习惯以及学习兴趣等因素设置科学合理的课堂教学活动，将学生作为教学的中心，激发起学习英语的兴趣，如此才可以提高教学效率和学生的学习能力。教师在设计教学内容的时候可以选择自主学习的方式，让学生结合自身知识掌握的实际情况对学习内容进行适当调整，如此不仅可以提高学生学习的自主权，凸显其课堂主体的学习地位，还可以有效促进学生的学习热情。例如，教师可以根据学生的学习水平，将英语水平相近的学生划分成一个小组，然后让每个小组根据其成员情况自主安排学习内容、制定学习计划，通过小组内分工合作的方式展开英语学习，教师可以对其进行适当的引导。如此，不仅可以锻炼学生英语应用能力，还可以培养学生的合作意识，这种团队合作精神对于学生的职业发展十分有益。

4. 利用虚拟教学情境

情境教学模式是高职商务英语专业英语教学中常用的手段，教师可在教学过程中模拟职场场景，激发学生的兴趣，不仅可以提升其英语实践应用方面的能力，还可以提升学生对未来职业发展的重视度。例如，针对商务英语专业的学生可以模拟与企业有关的教学场景，设计企业会计人员、商务谈判专员、企业管理人员等角色，让学生在扮演过程中进行英语模拟训练，不仅提升商务英语专业能力，还可以提升商务英语能力。此外，有条件的学校还可以成立实验室或者建立实训室，搭配各种仿真道具，使情境创设更具真实感，进而提升学生的英语水平和专业知识。

（二）重视英语第二课堂建设

第二课堂是相对于课堂教学而言的。一般认为，第一课堂指的是教师和学生在一定时间内，在固定地点开展依据教学大纲、使用一定教材的教学活动，也就是课堂教学。第一课堂以外开展的教学活动被称为第二课堂。与课堂教学相比，第二课堂具有内容丰富、形式多样、学习空间广泛、趣味性强等特点，是第一课堂的有益补充。形式多样的第二课堂活动有助于丰富学生的课余生活，帮助学生扩展知识面，培养良好的兴趣爱好，促进人际交往，助力身心健康，提升综合素质。就商务英语专业而言，与英语相关的第二课堂包括英语角、英语竞赛、外语文化节、校内外社会实践等。

毫无疑问，充分发挥第二课堂的作用能帮助学生消除英语学习障碍，提升英语技能。教师要加强第二课堂活动的组织指导，明确开展第二课堂的目标，围绕设定的目标制订第二课堂活动方案。此外，商务英语专业的英语第二课堂活动有利于创设更多的英语语言环境，能有效解决英语课程课时不足的问题。此外，外教参与第二课堂活动有助于加强学生对西方文化的了解，消除中西方文化差异带来的学习障碍。最重要的是，第二课堂形式丰富多彩、内容生动活泼，完全没有第一课堂的学习压力，能有效激发学生的学习兴趣和使用英语交流的意愿，帮助学生提升商务英语专业英语的实际运用能力。下面介绍商务英语专业英语第二课堂教育建设的方法。

1. 利用社会力量延伸第二课堂

在商务英语专业英语教学中构建第二课堂，不应单纯局限在课堂、校内与实训室等方面，要充分发挥社会力量的作用，延伸第二课堂建设空间。借助第二课堂力量将学生群体真正引向社会，让第二课堂真正成为高职学生了解社会、明确社会需求的桥梁。多数学生在入学初期，对于商务英语专业缺乏深度了解，学校可借助认知实习，组织学生们真正进入外资外贸相关企业，明确企业具体业务范畴、岗位设置、贸易流程以及员工素质水平要求等，从而帮助学生建构对自身专业的整体认知，深化学生对于专业及所学知识的理解程度，树立未来学习目标与必须习得的知识能力。在即将毕业时，学生将面临诸多抉择，部分学生准备在国内继续学业，备考研究生；部分学生准备就业或者创业；还有部分学生则准备出国深造。针对计划就业或者创业的高职学生而言，有必要深入至相关企业生产一线进行实习，这亦是商务英语专业拓展英语第二课堂建设空间的有效方式。例如，学校可组织商务英语专业高职学生于寒暑假参与跨境电商实习实训活动，将所学理论真正运用到具体实践中，而实训内容具体包含外贸环境、流程、政策以及常用术语等。这些商务英语专业英语第二课堂实践活动的外延，将学生从学校逐渐向社会方面引导，不仅可为学生提供实习、岗前培训以及就业等系统化服务，同时还可丰富学生知识，强化其实践能力，进而为商务英语专业英语第二课堂建设空间的延伸奠定基础。

2. 构建专业英语实践中心

众所周知，产教融合是高等教育商务英语专业实施人才培育工作的关键环节，亦是高等教育革新的核心。为进一步深化商务英语专业产教融合发展，学校可把企业力量引进校园环境中，与企业协商在校园内建设业务部门或生产线，使学生可就近接受实训教学，从而提高其实操技能与水平。与此同时，企业亦可增加一定的生产利润和效益，双方利益配置均可实现最大化。学校可与有关企业建立正式合作关系，并增加成本投入力度，共建产教融合的商务英语专业实践中心。学校方面可供给场地与经费，而企业方面则负责供给产品，双方在校园内共同建设实体工作室或者商铺，校企双方均可提供专业指导教师，针对学生专业能力提升进行合理指导，共同指导该专业学生展开线上销售渠道，锻炼学生们实践能力，从而使其在日后岗位中遇到问题时可迅速解决。通过校园实践中心的构建，学校与企业可展开深度合作，同时学校亦可联动多家企业力量优势，有效弥补当前专业教育资源建设不足的弊端，而企业亦可通过专业商务英语人才朝着国际化市场方向不断发展，增加自身外贸业务范畴，将产教融合落到实处，让商务英语专业学生可在具体运营过程中获得充分锻炼，这不但可提高学生英语交流水平，而且还可推动学生对当前企业商务贸易工作的了解。为优化产教融合视域下商务英语专业英语第二课堂构建质量，学校亦可聘请企业内部高管来校兼职教师，以指导学生进行实训实践，与此同时，选派专业教师参与企业内部挂职锻炼，充分实现校企双方深入交流与合作，真正建设商务英语专业英语第二课堂。

3. 依托跨境电商平台

近些年，我国电商产业发展逐渐饱和，因此社会群体开始探索其他发展路径。在此过程中，逐步发现了新时代跨境电商产业的发展空间和优势，同时加之国家政府部门的政策支持，促使跨境电商产业外贸交易发展速度加快，部分传统外贸企业亦凭借跨境电商开展商业交易，延伸顾客范围，且贸易过程中诸多流程均凭借电商平台完成，跨境电商产业发展迎来新机遇。而在此环境下，社会急需大量兼备跨境电商能力以及英语能力的商务英语专业人才，导致市场人力资源出现较大缺口。多数企业为解决当前十分迫切的人才匮乏问题，愿意把人才培养置于学校当中，也愿与学校展开深入合作，进而缓解当前人力资源压力和负担，同时，有相应政策扶持，各企业利益亦可获得一定保障。所以，学校应牢抓该机遇，把外贸企业真正引进校园，双方签署商务英语专业人才培养合作协议，共同致力于专业英语第二课堂的建设，加强学生实践水平，提升其实操能力，切实把产教融合落到实处，使学生群体可通过专业英语第二课堂建设得到真实收益，从而调动其参与兴趣和热情，启迪学生思维，为其日后职业发展奠定基础。相比于以往校企合作模式而言，学校方面通常过于主动，普遍是学校主动靠拢企业需求，而企业则较为被动，有些企业在校企合作中的配合度亦较低，且对学校组织的诸多教育活动并不配合，在具体合作中，双方应协同合作，最终却成为以学校方面为导向的教育模式。现阶段，为促进跨境电商产业发展，多数企业愿意与学校方面展开深度交流互动，选派业务骨干参与企业教育活动，构建了双方协同合作交互的教育模式，促进了英语第二课堂建设，也使得双方利益互相协调，产教融合也达到了良性发展，为商务英语专业教育改革及培养商务英语专业的英语人才提供了新机遇。

（三）加大教师队伍建设力度

高职商务英语专业英语教育具有特殊性，必须符合当今社会的要求，注重英语教学的实用性，这要求教师具备较强的业务水平和教学能力，更好地对学生进行知识传授和发展方向的引导。优秀的师资团队是培养优秀专业人才的重要基础，学校可以定期组织教师进行专业培训或者开展研讨会，提升教师的专业水平和教学能力。此外，学校应积极和其他学校开展交流合作，从校外引入优秀的英语教育专业人才或高职专业英语人才，对本校教师进行培养，尤其是本校的优秀教师。在培训高职专业英语教师的时候，也需采取定向培训的方式，对其开展有针对性的培养，帮助教师了解社会的需求与发展情况，掌握行业中有关英语应用方面的信息，探索出最能促进学生发展的教学模式，并在此基础上进行课程建设。此外，还应加强校园文化建设，定期开展英语相关的实践活动，提升学生的英语实际应用能力。

（四）推进英语课程教学改革

高职教育不同于普通高等教育，它需要体现"能力为本"的职业教育的要求，强调应用型人才的培养。2000年，教育部高等教育司颁布了《高职高专教育英语课程教学基本要求（试行）》，其中第三部分"教学要求"提到："本课程在加强英语语言基础知识和基本技能训练的同时，重视培养学生实际使用英语进行交际的能力。"就商务英语专业而言，英语教学需要体现专业要求和特点，帮助学生掌握从事专业对口工作岗位所需的英语技能。

商务英语专业英语教学要求教师具备较高的专业能力，从实际出发，在课堂教学设计上体现工学结合的要求，并探索适合岗位要求的典型工作任务。英语课程的教学需要将商务知识融入其中，在商务活动中锻炼英语技能，在英语学习中了解商务活动的要求。因此，英语教学不仅要注重英语知识技能的传授，而且要注重与实践相结合，锻炼学生的英语实际运用能力。同时，教师还要与时俱进，积极运用互联网和其他现代化教学手段，搜集和积累最新的教学资源，积极参与在线开放课程的开发。这既可以整合教学资源、解决课时不足的问题，也有助于激发学生的学习兴趣，提高自主学习能力。

第二节 旅游英语专业建设

一、旅游英语的概念

旅游英语主要研究英语及旅游学科的基础理论知识，掌握听、说、读、写、译技能，熟悉我国旅游业发展方针、政策和法规，了解旅游经济规律和市场营销策略，熟悉导游业务，能以英语为工具从事旅游工作，具有较强的英语交际能力。例如，使用英语对某处旅游景点的风土人情、历史文化背景、人文地理进行讲解。

旅游英语专业培养拥护党的基本路线，德、智、体、美全面发展，身心健康，具有良好的职业素质和文化修养，英语熟练，掌握较强理论基础，具备丰富熟练操作经验（即掌握旅游及酒店行业基本管理技能及业务），从事旅游及酒店行业中层以上管理业务等工作的高等应用型人才。

本专业毕业生应具有较强的英语语言应用能力，掌握较强的英文导游技能；熟悉旅行社及酒店业务。即以英语为工作语言，从事、处理涉外旅游活动的能力。

具体表现为。

（1）英语综合知识及应用能力；

（2）英语导游能力；

（3）涉外旅行社及酒店业务操作能力。

旅游英语专业的毕业生既可从事中英文导游工作，又可从事旅游管理、酒店服务等方面的工作，具有广阔的市场需求空间。随着中国旅游市场的飞速发展，旅游英语人才的需求呈现逐年上升的趋势。

二、旅游英语教学特征

（一）课程实践及应用规范性要求较高

随着我国教育不断改革，课程内容侧重点也随之变化，特别是旅游英语专业英语课程，因旅游英语专业英语特殊性，所以要保证所教授内容具备针对性，不仅是将教学重点投射在学生英语能力培养方面，也囊括了更深层次的内容，使其向旅游行业输送更多专业性人才。现阶段，有关英语交流活动愈加频繁，旅游英语专业尤为看重课程实践和应用规范性，要求学生必须掌握一定数量专业词汇及常用句型等，让学生可以灵活运用不同词汇，在实践中不断提升自己英语运用能力。与此同时，旅游英语专业学生在英语教学中，不但要掌握职业相关技能，也要充分了解其他国家英语表达习惯和历史文化背景，才能在旅游场所中将英语作用充分发挥。

（二）文化内涵较为深厚

旅游英语专业英语课程教学涉及内容较为广泛，包括历史文化知识、民俗特色、历史典故以及职业常识等，充分体现了旅游英语专业英语文化内涵深厚。其英语课程内容教授既要结合地理概况、政治经济秩序等，也要综合考虑不同人员思维特点，加上国内外文化背景差异性，旅游英语专业学生更需要积累大量的文化知识和英语词汇储备，才能确保在今后就业后将旅游英语熟练运用。

三、旅游英语建设中存在的问题

（一）课堂参与度不高

旅游英语专业英语教学突显问题，是学生对英语课堂教学参与度不高。其主要原因在于，教学活动普遍以教师为主导。在实际教学中过于追求对教学进度与教学任务的完成，并没有充分考虑学生实际需求，随着时间推移导致学生逐渐失去学习兴趣，并不利于旅游英语专业英语教学改革。

（二）分层教学难以开展

在实际教学中，并没有充分利用现有教学资源，导致教学方式过于单一。尤其对于旅游英语专业英语教学来说，单纯依靠教材内容教学，根本无法满足线下学生学习需求，也不能快速适应时代发展趋势，既影响学生自主学习，教学水平也难以提高。此外，在以往网络教学中，教师对网络教学模式认识不够全面，对网络教学也只停留在直播教课等方面，不仅阻碍了旅游英语专业英语改革推进，也不利于学生今后良好发展。

近年来，高职招生规模不断扩大，从2009年的639万增加到2019年的835万，录取率也从2009年的62.7%增加到2019年的81%，这一变化，导致了高等职业技术院校的招生工作普遍面临较大的压力，生源质量下降。进入高等职业技术院校学生的英语基础差异巨大，无论是公共英语课程的教学，还是各类专业英语课程的教学，任课老师都面临着同样的困惑：面对英语基础参差不齐的学生，采用同样的教材，同样的教学方法和手段，同样的教学进度，如何让所有的学生都达到教学目标规定的要求？实施分层教学，是解决这一困惑的有效手段之一。此外，由于旅游行业的涉外性，高职旅游英语专业学生毕业从事旅游工作岗位的多样性，对旅游英语专业的英语教学实施分层教学显得尤为必要。同时，旅游英语专业英语实施分层教学存在以下三个需解决的问题。

1. 教学及学生管理方面的问题

首先旅游英语专业英语实施分层教学，将会增加教学管理的难度，将打破原来的班级建制来进行授课，为避免与各个班级的其他课程的授课的冲突，课程时间安排的难度增加了，既要考虑课程的时间安排，也要考虑教师的时间安排，还要考虑教室以及实训室的安排；其次，实施旅游英语专业英语分层教学，原来由一个任课教师能完成的教学任务，现在可能需要由两个甚至三个任课教师来完成，既增加了教师的教学工作量，也增加了教学成本。

2. 心理层面的问题

分层教学会让学生感觉到他们被区别对待了，如果简单分层 A、B 班或者快慢班，处于英语基础较差的分层班级的学生在心理上容易产生被贴上差生标签的感觉，甚至会产生自暴自弃的心理，在分层过程中，要注意分层的科学性以及做好宣传说明工作。对于教授英语基础较差的分层班级的老师来说，也会产生不情愿甚至是抵触情绪，毕竟英语基础差的班级学生学习态度和能力都存在欠缺，会增加教学的难度，且往往还会影响到自己的期末教学考核结果。这些因素都是在实施旅游英语专业英语分层教学需要考虑到的。

3. 评价机制的问题

在高职旅游英语专业英语实施分层教学时，要保证评价机制有利于调动学生和老师两个方面的积极性，同时也要保证评价机制的合理性和科学性。既要考虑到因分层教学评价结果对学生综合测评及评奖评优甚至是继续升学等利益产生的影响；也要考虑到分层教学评价对教师的教学评价、年度绩效考核、评优及职称晋升的影响。

（三）教材缺乏专业特色

目前市场上的旅游英语教材主要为以下三类。第一类教材以口语听说为主，注重培养学生对客接待能力，将情景对话按旅游部门或旅游环节组织编排，体现特定工作场景的工作流程，满足一线旅游从业者对客服务的需要。将关键词、专业术语、常用句型罗列出来，满足职业岗位培训"现学现用"的需要。这一类型的教材难度不大，稍有英语基础的学生都能自主阅读理解。

第二类教材为凸显与高职高专教材的不同，以长篇课文为主，一般不包括对话，内容以介绍旅游业各支柱产业的发展概况为主，兼顾中国历史文化知识。还有小部分教材凸显"旅游管理"特色，内容主要介绍旅游行业各部门的管理运营功能。这一类型教材的普遍特点是文章长度难度超出学生的专业知识范围，更偏向于英文版的旅游概论课程，设计的习题也以理论讨论为主，缺少互动和操作练习，课堂活动以教师讲授和学生阅读为主，所学知识点与现实生活有一定距离，学生不能马上使用相关语言材料,很难锻炼学生的口语交际能力。

第三类教材包括听、说、读、写几个环节,将外语教学与旅游活动开展的各个环节相结合,教材内容或体现某一地域特色,或覆盖食、住、行、游、购、娱等各个场合需要的工作语言,每个单元2~3篇阅读,以背景知识、传统文化为主,2~5个对话体现主要工作场景的工作语言,写作部分主要是简单的旅游应用文写作或常用表格填写。但有些教材单元体例设置不够合理,有些教材每个单元选取的课文或阅读内容难度不一,单元之间的内容也缺乏逻辑关系和连续性。

近年来部分旅游英语教材在教材立体化建设上取得了不小的成绩,充分利用高科技互联网平台,或在课文、对话旁提供二维码扫描进入听力练习、拓展内容,或利用互联网平台提供教师视频导入、课件学习等形式多样的学习资源,为教材内容拓展,加强线下预习复习,提升学习效果做了很多有益的探索。

虽然旅游英语类教材种类数量庞大,但存在较多问题,无法满足旅游英语专业英语人才培养的需要。

1. 与公共英语教材无区别

由于我国高职学生的英语口语交际能力普遍较弱,因此目前大部分高职旅游英语教材沿袭着本科旅游英语教材的编写思路,遵循高职高专"工作流程"导向的学习模式,以大量的对话为主,体现旅游各个环节的一线服务场景。这类教材的好处是比较实用,学生可以即学即用,快速适应实习和工作初期的语言要求,虽然锻炼了学生的口语交际能力,但学生仅能跟着流程"亦步亦趋"地进行应答,对于旅游行业运营过程中出现的复杂问题极少涉及,如实际操作中出现的各种案例,客人提出的各种个性化需求如何解决都缺乏相应的内容,缺乏旅游英语专业理论和处理问题、解决问题等综合应用能力的培养,无法锻炼学生解决复杂问题的高级思维,没有体现高职高专在能力培养上的特色。

2. 语言材料不够丰富

第二语言习得是通过语言输入来完成的。最佳的语言输入包括四个必要条件:可理解的输入、密切相关的输入、不以语法为纲的输入、大量的输入。教材是语言输入最重要的手段。目前,大部分教材体例为每个单元依据特定主题编写对话和阅读,给出的单词、关键句来源于本单元的对话或文章,主要目的是为学生提供学习参考。但旅游行业场景丰富,以酒店为例,从客人预订、入住、住店到离店有很多场景,涉及的词汇表达也非常多,但是教材由于篇幅所限往往只列出几个典型对话,所列单词句型也极其有限,大多数教材每一单元的文章篇幅局限在2~4篇以内。教师在为学生提供语言输入时缺少相关素材,学生学习时往往也只能依循教材，缺少足够的语言材料。

3. 中国文化不成系统

随着"课程思政"教学改革的推进，在专业英语课程中系统介绍中国传统文化，培养旅游管理专业学生的文化自信，使其具备在涉外工作中的跨文化传播能力是旅游英语课程的重要使命。目前大部分的旅游英语教材会有零星的中国传统文化介绍，如传统节日、中国传统手工艺品、京剧、太极等，但对于中国的历史沿革、地理环境、气候概况、民族民俗等基本信息缺少系统全面的介绍，特别是改革开放40多年来在各个领域取得的建设成就没有系统的介绍，更缺乏反映时代变迁的现代中国的衣食住行等日常话题。学生在涉外交往传播文化的过程中往往缺乏相应的语言材料开展相关话题，感觉"无话可说"或"有话难说"。

（四）移动学习资源库不成熟

1. 人才培养目标不够明确

结合高职院校的发展趋势来看，任何一门高职院校的专业课程的教学目标都是为了培养专业化的高素质人才，旅游英语专业英语课程教学也是如此。然而，结合目前情况来看，人才培养目标基本上是按照国家培养政策决定的，缺乏与院校特征以及学生发展情况的适配度，导致移动学习资源库的构建效果不够理想。例如，英语移动学习资源库缺乏针对性、目标性、框架性。这样的英语移动学习资源库显然不利于人才的有效培养。

2. 缺乏校企之间的合作

旅游英语专业英语课程是一门理论性与实践性并重的课程，但是在构建移动学习资源库时，往往偏重理论资料的采集，而缺乏对学生实践经验的传授。校企合作是丰富移动学习资源库的重要方式，在与旅游企业进行良好的沟通交流的前提下，获得实践资源以及学生实践的良好场所，在动态化实践中积累学习资源。但是就实际来看，很多高职院校在构建英语移动学习资源库中，都没有重视校企之间的合作，所以英语移动学习资源库中缺乏相应的实践知识、实践经验，这些都会对学生的英语学习产生一定的影响。

3. 教学系统资源单一落后

虽然在云计算的支持之下，教育信息技术获得了进一步发展，但是以校园网为基础建立的旅游英语专业移动学习资源库以及资源管理平台依旧存在一系列问题亟待解决。具体表现为教学系统资源较为单一、落后，无法满足学生的个性化发展需求，导致这些问题产生的原因与学校缺乏对英语移动学习资源库的设计、规划有关。很多学校在构建英语移动学习资源库时，只是把一些教材中的资源和网络中资源进行整合，并没有基于学生的学习需求和要求来丰富、构建资源库。实则只有在丰富的资源种类以及多种资源分类方法的支持下才能够为学生提供更好的服务。

4.普及程度较低

在教育信息化发展背景下，为了更好地提高旅游英语专业英语课程教学质量和效率，很多高职院校都加强了对信息技术的应用，其中应用云计算构建英语移动学习资源库就是重要的体现。就实际来看，虽然很多高职院校都构建了相应的英语移动学习资源库，但是就英语移动学习资源库的普及情况来看却不算理想。在旅游英语专业英语课程教学中，很多教师仍然习惯沿用传统的教学模式进行教学，对于英语移动学习资源库并没有高效应用和全面宣传，所以英语移动学习资源库也犹如摆设。

四、旅游英语建设中问题解决策略

（一）组建"双师型"教师队伍

就目前来看，高职院校的旅游英语专业组建"双师型"教师队伍非常有必要性。

首先，"双师型"教师可以有效地改变高职院校旅游英语专业英语教学过去那种"重结果，轻过程"的教学现状。由于大部分的高职院校都是实行学分制，所以学生格外注重最终成绩。在专业英语学习过程中都是将重心放在学习的结果上面。但是这种教学状况恰恰反映出了高职旅游英语专业英语教学的一种"畸形"状态，"双师型"教师对于改变这种"畸形"状态十分有作用，它能让教师和学生不得不重视学生在完成英语作业过程中的表现，让他们能明白英语学习不只有理论学习，实践能力同样不容小觑，而且学习过程远比学习结果重要。其次，"双师型"教师可以激发学生学习英语的动力。也就是说，它通过一系列的英语实践可以使学生的参与意识更强，对相关语言知识点的掌握也更牢固。最后，"双师型"教师有利于提高高职院校旅游英语专业毕业生的工作能力和应聘优势。现在许多旅游业在招聘相关人才时都会着重考察求职人员的英语水平，尤其是英语实践能力。"双师型"教师对于提高毕业生在这一方面的优势十分关键。

此外，旅游英语专业与其他专业不同的是，要求学生具有较高的实践能力，而提高学生实践能力的重要前提就是教师的教学能力，因此应该从教师的职业素质和科研能力入手。从目前的形势来看，大部分教师在此方面还有所欠缺，因此需要高职院校可以采取必要的措施。首先，高职院校应该定期对在职教师进行专业培训，并根据现阶段旅游市场的需求以及教师的教学现状明确培训内容，专业理论知识的掌握对于专业英语教师而言是非常必要的。其次，旅游行业的发展对于国家经济的提升有着重要的作用，并且随着社会的发展，旅游行业的变化也是非常快的，所以在教学过程中，教师应该结合相应的旅游事件进行分析，将自己独到的见解在课堂上与学生分享。

综上所述，我们可以从以下三方面入手，探讨如何组建"双师型"教师队伍。

1. 遵循相关原则

在高职院校旅游英语专业中组建"双师型"教师队伍有许多方面的原则需要教师遵循，主要体现在三个方面。第一，组建"双师型"教师队伍的目标必须是具体的，内容是具有实用性的。在高职院校旅游英语专业的英语课堂上，教师既要确保教学理论内容具有价值，又要确保学生的实践能力得到锻炼。第二，遵循做和学一体化原则。完成相关的发展任务不是目的，在完成任务的过程中能够发现各种各样的问题，同时运用各种方法去解决这些问题，进而增加自己的知识储备，提高自己的理论水平和实践水平，这才是组建"双师型"教师队伍的目的。第三，遵循开放性与针对性并存的原则。高职院校要根据旅游英语专业英语教师教学的具体情况来布置下一步的教学任务，但是任务不能千篇一律，也不能过于单一，更不能是孤立的。

2. 加强校企合作

当前校企合作教学模式在高职院校旅游英语专业的教学中是非常重要的一种方法，并且也取得了较好的成效。企业可以给高职院校旅游英语专业提供大量的实习岗位，这个实习岗位不仅仅是给学生，也要给在职教师。这样不仅解决了学生的实习问题和毕业后的就业问题，还有利于组建"双师型"教师队伍。校企合作模式的实施，可以为教师能力和素养等方面的发展指明方向。为了达到这种双赢的目的，高职院校应该根据旅游市场的需求和教师发展的要求来制定科学的培养计划，促使教师在道德、旅游英语专业知识、旅游英语专业英语知识等方面更符合旅游市场的要求，也可以促进院校内旅游英语专业英语教学的进一步发展。

3. 创新评价机制

评价对于组建"双师型"教师队伍来说十分重要，科学有效的评价机制能够使其产生事半功倍的效果。在对"双师型"教师进行评价时，要重长期、轻短期，重过程、轻结果，重内容、轻形式，重质量、轻数量。首先，要敢于大胆摒弃过去那种不符合时代发展要求的评价机制，用教师的职业素质、教学能力和科研水平来进行检验。其次，高职院校要对评价标准进行细化，要保证评价标准能够做得因人而异，因具体情况而异。然后，院校要改变以往对教师开展评价的标准，学生成绩固然重要，但是在日常教学工作中或者科研过程中的表现也是非常重要的，要从多方面、多角度开展评价，促使学生得到更好的发展。

（二）实施英语分层教学

首先，由于高职旅游英语专业学生英语基础的差异较大，实施分层教学可以照顾到各个层次学生的需求，对于英语基础好的学生，可以在遵循教学大纲的前提下，丰富教学内容，扩展高职学生的知识面，最大限度地发掘他们的潜能，满足他们对更多英语知识的需求。而对于英语学习能力和基础较弱的学生，也要为他们"量身定做"适合他们实际情况的、符合他们接受水平的知识和内容，以免旅游英语专业英语知识过难而打击了他们的学习积极性，让这一部分学生能够获得更多的成功体验，增强学习兴趣，提高学习效果。

其次，高职旅游英语专业未来就业的方向主要有：酒店管理方向、旅行社管理方向、旅游风景区管理方向、会展旅游管理方向、餐饮管理方向、休闲娱乐管理方向、旅游行政管理方向等。就业岗位不同，所需要的英语方向也就不同。例如：选择毕业后从事旅游饭店工作的学生，应主要掌握旅游英语专业英语中的酒店服务英语部分，主要包括酒店前厅服务、餐厅服务及客房服务等用语；选择从事旅游景区工作的学生，应主要掌握景区英文导游知识；选择从事旅行社工作的学生，应主要掌握英文导游以及领队英语等方面的知识。如果旅游英语专业英语只开设旅游英语课程，不实行分层教学，将很难满足就业对学生英语应用能力的需求以及行业发展的需求。

最后，由于英语基础差异大，教师很难在短时间内通过"一锅煮"的教学模式将所有的学生英语提高到教学大纲规定的要求。在学生英语基础差异大的班级授课，一定会遇到这样的情况：授课的知识稍有难度，有部分学生就听不懂；授课内容简单了，英语基础好的学生又"吃不饱"，觉得授课没有作用，是在浪费时间。课堂教学很难组织好，任课教师左右为难，心理压力也大。通过分层教学可以让更多的学生提升学习的兴趣，体验成功的快乐，也可以改善教师与学生的关系，舒缓教师的紧张情绪。

综上所述，我们可以从以下两方面入手，展开旅游英语专业英语分层教学。

1. 制订计划

在实施旅游英语专业英语分层教学前，要进行调研，包括对学生的基本情况进行了解，分析学生的英语入学成绩，进行摸底测验，发放英语学习现状调查表等进行全面的调查分析；召开专业指导委员会的专门会议，听取专家的意见；走访旅游饭店、旅行社、旅游景区等实习及就业基地，听取用人单位的意见；走访相关兄弟院校，学习分层教学的实践经验等，充分了解分层教学实施过程中可能出现的问题，以确保分层教学计划的可操作性和有效性。

旅游类专业一般开设的英语类课程有：基础英语、导游英语、旅游口语、会展英语、景点英语、饭店英语等。根据高职学生的英语基础水平和企业对旅游英语专业人才的要求，可以将课程大纲规定的教学要求分为基础必学部分、能力提升部分和拓展选学部分三个模块，实施大纲的调整由基础教研室、专业教研室、企业代表共同研究确定。能力提升模块可以引进企业员工培训的相关课程，也可以请企业讲师来校授课。拓展选学模块可以根据顶岗实习时的实习岗位进行选择，在实习过程中完成。

2. 科学分层

首先，是对教学对象的分层。可以通过若干次的英语水平测试，得出每个学生的几次测试的平均成绩，然后根据学生的英语成绩，将学生分为两至三个层级进行旅游英语专业英语课程授课。同时，结合学生毕业后的就业方向意愿来进行分层，可分成旅行社及景区方向（涉外导游）及酒店方向，英语基础好的同学可以选择酒店方向。考虑到教学效果和教学成本，每个分层班级的学生控制在30人左右较为合理。

其次，是教学内容的分层。如果在旅游英语专业英语实施分层教学过程中，不同的分层班级选择相同的教材，则可以根据不同的就业方向选取不同的教学内容。例如，涉外导游方向应着重提高学生的专业英语听说读写综合能力；酒店方向可着重突出日常服务用语，锻炼学生口语表达能力。

(三) 编写专业特色英语教材

1. 理念更新，凸显教材的高阶性

高职高专学生在英语能力上普遍较弱，除了考虑到学生的基础水平，也应凸显旅游英语专业英语教材与公共英语教材的差异。旅游英语专业英语教材应注重培养学生旅游方面的英语知识、解决复杂问题的能力和高级思维，情景对话应只占教材内容的一部分，且鼓励学生课后自学、课堂呈现，提高课堂教学效率，同时依托一定篇幅的文献和案例阅读后总结、讨论等课堂活动，培养学生的英语综合应用能力，使学生具备谈论旅游业基础理论、旅游业发展过程中的现象和处理复杂问题的能力。

2. 内容更新，体现教材的创新性

21世纪以来中国行、住、食、游、购、娱等支柱产业发生了翻天覆地的变化，中国旅游业从原来的以入境接待为主，已发展为出入境并重。高新科技对旅游业发展的影响在各个产业中都有所体现，如智慧景区、智慧酒店、生态旅游、旅游App等，教材内容选取应持续关注行业一线发展态势，在工作语言、阅读材料中体现时效性和前沿性，拓展学生学习的深度和广度，尽可能将最新的行业实践带入课堂，激发学生运用专业理论知识思考中国旅游业发展的能力和思维。一本好的教材同时应该也是一本工具书，教材内容的选取除了应注重结合旅游行业的发展，还应该尽可能提供全面的语言材料，而不仅仅受限于教材的内容和篇幅，如某一行业相关的所有词汇、表达、句型，或是一些新的业态类型介绍，在教材立体化建设中可以提供尽可能多的拓展资源，为教师教学和学生学习提供尽可能多的语言"输入"材料。

3. 建立文化自信，增强跨文化交际能力

2018年出版的《外国语言文学类教学质量国家标准》明确提出要培养学生的文化自信。旅游英语专业学生的职业面向决定了他们在涉外工作中应具备较强的文化自信和传播中国文化的能力。旅游英语专业英语教材应系统融入文化元素，不仅应全面介绍中国概况，更要结合中国传统文化和地方特色，逐步树立爱祖国、爱家乡的思想，建立学生的文化自信，培养他们在工作生活中用英语介绍中国文化的能力。跨文化交际能力主要分为语言和非语言两大方面，旅游英语专业英语的学习要注重跨文化语言交际能力的培养，在教材编写中体现语义、语用、语言交际风格的文化差异，有效提升学生的跨文化交际能力。

4. 手段更新，提升课程的挑战度

与英语专业学生不同，旅游英语专业英语不是以语音、语法、字词的学习为主，更强调学生对旅游英语专业知识的综合应用交际能力。旅游英语专业英语教材的练习设计应改变过去简单的知识再现和模仿重复为主的练习方式，用讨论、比较、案例分析、课堂展示等形式鼓励学生提出问题—合作探究—组织语言—表达观点，培养学生的信息收集整理及合作探究学习能力，使他们的学习结果更具探究性和个性化，同时提高教师组织课堂的难度和学生学习的难度，让教师在课前花费更多的时间备课，学生课上课下也花费更多时间和精力进行思考和研究，以提升旅游英语专业英语课程的挑战度。

（四）基于云计算构建移动学习资源库

1. 创造性开发课程教学内容

旅游英语专业英语移动学习资源库的构建需要立足于课程教学内容的基础之上，充分结合旅游英语专业英语教材，实现对课程教学内容的补充。在云计算技术的辅助下，旅游英语专业英语移动学习资源库的构建需要从以下两方面展开。首先，结合高职院校的英语类别教学的基础要求，促进校企之间的联合与开发。与旅游企业进行合作能够对旅游英语专业英语课程的培养指向进一步明确，了解社会中的专业岗位、工作任务以及技能知识，在资源的收集以及细致的统计分析下将其纳入旅游英语专业英语移动学习资源库中，作为重要的旅游英语专业学习资源之一。其次，旅游英语专业英语学习资源库的构建还需要明确指出人才培养方案以及学生的职业规划，在移动资源库的帮助下创设英语教学一站式的服务体系，从而更好将英语移动教学资源与旅游英语专业教学内容进行全方位的对接，充分发挥旅游英语专业英语移动学习资源库构建的功能效用。

2. 融入浓厚的地区人文色彩

旅游英语专业与一般高职院校专业的显著区别就在于旅游英语专业具有浓厚的地域文化特色，因此在旅游英语专业英语移动学习资源库的构建中，还需要融入浓郁的地区人文色彩，将移动学习资源库的功能效用进一步升华。地方旅游业是高职院校旅游英语专业教学的重点内容，也是我国旅游业发展的重要环节，高职院校的旅游英语专业英语教学的最终目的也是为地方经济发展与进步服务。在云计算背景下，旅游英语专业的英语移动学习资源库需要融入地区的文化资源以及风俗民情，并以此作为吸引学生学习兴趣的重点，增强旅游英语专业英语移动学习资源库的文化多元性与知识包容度。因此，旅游英语专业中的文化元素是学生必须要掌握的知识，只有具备较强的跨文化交流能力才能够支持学生将旅游英语专业工作做实、做好。

3. 促进师生之间在线互动

为了促进学生之间就旅游英语专业英语学习资源库内容进行在线沟通与互动，可以在构建过程中开发考试与测评环节，将考试或者是测评内容发布于在线平台之上，待学生答题完成之后再公布参考答案，让学生自主思考。学生由自主答题到自主解惑的过程都是珍贵的移动学习资源，不仅能够为学生创设个性化的学习资源库，还能够促进学生自主思维能力与学习能力的发展。在实时交流模式的支持之下，即使学生不在线，或者是不处于同一空间之内，也能够将学习资料发送给学生，方便之后的沟通与交流过程，为学生的学习提供了极大程度的便利。学生在利用英语移动学习资源库进行自主学习过程中难免会遇到各种问题和困难，此时学生也可以通过在线平台随时与教师沟通问题、探讨困难，或者利用在线平台与同学进行相互讨论与探索。基于云计算的英语移动学习资源库可以使得学生的学习更加自由、高效、便利，师生、生生之间的沟通也将更加灵活有效。这对提高英语课程学习质量和效率，促进学生自主学习能力、思维能力、探索能力的培养都具有重要的意义。

4. 优化移动学习资源管理

现阶段我国对移动学习资源库的管理一般是以学校或者是学员作为单位，并集合学校的具体情况进行设立。集中式管理是我国对移动学习资源库的主要管理方式，基本上很少对外开放，资源共享的范围受到限制，尤其是在不同的院校之中，移动教学资源共享程度更加不足。这不仅造成了大量的人力、物力资源的浪费，还难以充分发挥移动学习资源库的功能效用。基于此，在对高职院校旅游英语专业的英语移动学习资源库进行管理时，应当综合考虑资源的应用有效性，以移动学习资源为中心，云计算等信息手段为工具，共建完善的移动学习资源库，提升移动学习资源的共享性。移动学习资源库中心平台是建立在学科教学内容的基础上的，并且充分考虑了非学历教育等方面的内容，涵盖面十分广泛，在资源管理与分类时具有一定的科学性。因此，在构建旅游英语专业英语移动学习资源库时，也可以继续延续此种资源管理与分类方式，根据学生的学习基础与个性发展需求进行资源分类，从而为学生进行终身学习提供良好的知识共享平台。但毕竟借助网络平台进行资源浏览还是具有一定的局限性的，且多数资源要下载完成之后才能够应用，寻找过程也较为烦琐，因此旅游英语专业英语移动学习资源库的构建还需要进一步创新与优化。在优化移动学习资源管理中，学校还需要注重定期对英语移动学习资源库的内容进行更新，保证英语移动学习资源库的丰富性、全面性、实时性，这对充分发挥英语移动学习资源库的作用与价值，促进学生在英语移动学习资源库中获得更多的提升与进步具有重要的意义。

（五）实施网络教学实践

1. 运用翻转课堂教学

传统高职英语教学普遍是以教师为主体，先教课后学习，并不利于学生对英语知识学习，无法熟练掌握英语知识。在网络教学实践中，运用翻转课堂教学，将课堂转变成教师与学生之间相互沟通的场所,既能增强课堂互动性,也能更好地培养学生自主学习意识。旅游英语专业英语融合翻转课堂教学模式,利用互联网技术,对原有教学模式进行创新,调动学生学习积极性,拓展英语知识学习层面,让学生更好地融入网络教学实践中。例如,旅游英语专业对学生英语口语能力要求较高,根据这一要求,教师可选择网络课堂等平台开展微课教学,让学生在班级交流学习小组中提前练习,掌握一些较为简单的句型,体会英语口语在今后职业交际中的作用,利用微课培养学生基础语感,为下阶段学习做好铺垫;学生通过提前练习后,可以更好地学习教师在平台上讲授的复杂语句,让学生充分掌握职业英语口语的同时,也能进一步提高旅游英语专业英语教学水平。

除此之外,在运用翻转课堂教学模式时,教师应综合考虑英语知识难易程度,是否符合学生现阶段学习水平,为学生留有思考空间,激发学生学习欲望,自觉学习教学内容以外的知识,对其补充原有知识体系同时,也能达到潜移默化持续学习的效果。若想增强翻转课堂模式有效性,不仅需要创设现代化教学环境,也要学生积极配合教学活动的开展,提升教学效果,解决学生在英语学习中遇到的问题,学生可根据自身学习能力,合理安排学习时间,让教师专注于答疑解惑,充分发挥网络教学实践效用。

2. 加强线上线下教学

科学技术不断发展,促使互联网技术越来越成熟,在互联网技术基础上,出现了一系列教学、学习 App,不仅是丰富旅游英语专业英语教学资源重要渠道,也是推动旅游英语专业英语改革有效手段。加强线上、线下教学,创建班级学习微信公众平台,将一些职业英语趣味视频、文案等上传至微信公众平台上,以便教师与学生交流同时,也突破了传统英语教学在时间上、空间上的限制。现下各类学习、教学 App 具有丰富的内容,能够充分满足学生学习需求,教师借助 App 来向学生布置听力练习或单词背诵作业等,因旅游英语专业英语文化内涵较为深厚,包含历史文化、当地民族艺术以及职业常识等,在日常学习中需要大量单词积累和口语练习;较为简单的单词背诵、口语练习以及听力训练等,都可在线下学习,不仅能够有效提升学习效率,也能起到节约线上课堂时间的作用。针对相对复杂的英语句式的学习,将日常一些较为简单的学习活动划分到线下学习,留给学生足够时间来学习复杂英语句式;网络教学实践下,教师为学生提供内容更加丰富教材内容信息量同时,也具有多样性特征,充分利用现有教学资源素材,引导学生自主探索,思考问题、解决问题。例如,在开展网络英语教学时,教师可提出一个讨论专题,让学生通过任何渠道去收集相关句型、单词等,有助于加强线上、线下教学，也能让学生及时发现自身存在不足之处，将学生转变为教学中主导者，发挥教师在教学中的指导作用，激发学生学习兴趣，正确引导学生对英语知识进行探索，从而促进学习效率和学习质量大幅度提升。

第三节 医学英语专业建设

一、医学英语特点

在高等医学院校开设医学英语专业课程的目的是培养学生通过英语收集专业文献，获取专业信息，拓展专业知识，从事学术交流的能力，使他们在今后的工作中能够得心应手地运用英语进行学术和科研工作。为此教育部和卫健委都对专业英语教育给予了极大的关注。教育部高教司委托对外经济贸易大学对"入世与外语专业的教育"项目的研究，提出了复合型人才的"外语+相关专业"的知识结构中，相关专业模块必须达到一定程度的系统化。这对医学院校医学英语教学指出了更明确的努力方向，不能将专业英语教学的目的只停留在"能够理解专业知识"这一层次上，而应向"语言在专业实务上的正确运用"更高层次上迈进。

随着医学科学的飞速发展和国际学术交流的增多，对医学专业人员的外语水平，尤其是专业英语能力的要求越来越高。为了迎合这个形式和需要，越来越多的医科院校，如北京大学医学部、重庆医科大学、贵州医学院、湖南中医学院、沈阳药科大学、上海第二医科大学、北京中医药大学等都开设了医学英语专业。

根据相关院校设置的医学英语专业可以归纳出以下四个特点。

（1）医学英语专业是近几年各院校为配合医学事业与国际接轨，适应医学英语全球化这一趋势而开设的新专业。

（2）顺应我国加入WTO新形势的发展，迫切需要医药行业方面的专业人才。作为一种产业，医药是我国今后重点发展的产业之一，医药产业在持续健康发展的过程中必须扩大对外交流，仅此一项就提供了对懂外语的医学人才的大量需求。

（3）社会需要能够熟练应用英语和所学专业知识在医药、公共卫生、医药信息管理、医学英语教育、医学国际交流等领域从事外事工作的应用型人才。

（4）药品营销、药监、医疗行政和院校（医学、卫生、护理等）方面也急需本专业的毕业生充实力量。

因此，本专业的毕业生具有适应性强、选择面广的优势，具有广阔的应用与发展前景。

二、医学英语建设中存在的问题

随着国际医学学术活动的增多和医科学生科研意识、临床意识的提高，教材中英语专业术语的大量出现，激发了学生对医学英语专业学习的兴趣，为了迎合这一趋势，全国大多数医学院校都已开设医学英语课程或医学英语专业，要求学生选修或必修，目前专业英语教学仍然存在着不足。

医学英语属于专门用途英语，有其特定的词汇和句式篇章结构，同时要求授课教师具有医学专业知识。普通英语教师本身教学任务重，再加上不具备医学专业知识，所以一般难以胜任。而医学专业教师虽然医学专业知识丰富，但大多数英语口语欠佳，语言学知识欠缺，又都没接受过系统的语言教学训练。所以，长期以来，由谁来上医学英语课成了争论的焦点，医学英语难以稳定的发展。

（一）师资力量不足

教师在医学院校医学英语教学中发挥着不容忽视的作用，教师的综合素质直接影响着医学英语教学工作的质量。但是值得注意的是，在过去一段时间内我国医学院校对医学英语教学工作的关注较少，导致医学院校中医学英语专业教师的综合素质普遍较低，并不能满足现阶段英语教学工作的需求，对教学工作的开展造成了一些负面的影响。部分英语教师对专业英语知识的掌握程度较低，难以向学生准确地讲解相关知识，对学生的学习造成了一些负面的影响。还有部分教师对医学英语专业教学的认识存在一些偏差，不能保持严谨认真的工作态度，也在一定程度上降低了学英语教学的水平。

（二）教学目标不明确

现阶段，教学目标不明确也是医学院校医学英语专业教学面临的一大难题，对英语教学的质量有着较大的影响。随着社会的发展及民众思想观念的转变，英语教学受到了较高的关注。但是部分医学院校在实际工作中把通过英语四、六级考试作为教学目标，英语教学的方向出现了一些偏差，学生对医学英语专业知识的了解较少，对学生未来的学习及工作造成了一些负面的影响。另外，还有部分学生并没有充分认识到医学英语专业教学的重要性，只是被动地接受英语知识的灌输，学生的主观能动性难以得到充分的发挥，医学英语专业教学工作开展情况并不理想。

（三）教学方式滞后

在以往医学英语专业教学过程中，医学院校英语教师多是采取单向知识灌输的方式开展工作，对学生主体地位的关注较少，在这种情况下，学生往往对英语教学工作缺乏兴趣，并不能积极主动地参与到英语教学工作中来。而且在传统教学模式下，英语教学工作开展水平普遍较低，学生的英语成绩难以得到显著的提升，久而久之学生会对英语教学工作产生抵触心理，会在一定程度上加大英语教学工作的难度。另外，传统教学模式中，教师多是要求学生通过背诵记忆相关知识，却忽视了对学生实践能力的培养，因此英语教学质量难以得到有效的保障，不利于学生的全面发展。

（四）教材并未完善

由于在过去一段时间内，我国医学院校对医学英语专业教学工作的关注较少，导致现有医学英语专业教材的内容较为落后，难以满足现阶段英语教学工作的需求，在一定程度上降低了英语教学的水平。而且现阶段我国部分医学院校多是使用自身编制的教材开展英语教学工作，但是由于能力、思想等方面因素的限制，所编制的教材质量难以得到可靠的保障，学生往往难以通过英语教学提高自身的英语成绩，对学生未来的工作及发展造成了一些影响。

（五）课程设置不合理

由于在以往工作中对医学英语专业教学工作的认识不够充分，医学院校在进行课程安排的过程中对医学英语专业教学工作的关注较少，在这种情况下，英语课程设置不够合理，所占课程的比重较小，对英语教学工作的开展造成了一些限制。另外，部分医学院校在设置医学英语专业课程时与高职英语课程之间衔接不合理，导致教师难以帮助学生对英语知识进行梳理，不利于学生学习成绩的提升。

三、医学英语建设中的问题解决策略

（一）公共英语与医学英语衔接

公共英语与医学英语专业虽同属高职英语课程，但在教学目标、教学要求、教学模式等方面存在差异性，公共英语至医学英语课程的整合和衔接是影响高职英语课程教学效果的重要因素。对医学专业学生而言，在结束高职英语课程必修课之后，都会在高级阶段增加医学英语专业的学习，以满足相关领域学习和工作的需求。探索两者的有效衔接过渡模式，能够完善高职英语课程体系，有效提高医学英语教学质量。想要实现这一目标，可以通过以下方式。

首先，按照课程设计的四个基本步骤，即制定目标、组织教材、实施教学和评估学习，以核心模块为组织形式设计公共英语—医学英语的整合课程。其次，公共英语和医学英语两门课程仍然相对独立存在，虽保留了大部分的教学内容，但是核心模块兼具了语言学习和专业学习的特点，其核心目标、教材、教学和评估互相兼容，形成有机的整体。最后，两个学科的教师分别在教学中融入该模块的内容，原有的公共英语课程将被"情景化""专业化"，而医学英语课程将更具备语言教学意识。两门课程以核心模块的形式被连接、整合起来，因而将具备共同的教学目标、互相渗透的教学内容、一致的教学方法和活动，以及互相呼应的学习评估方法。

（1）组织教材。以医学常识为教学内容组织教材，涵盖以下医学相关的话题：医学科普知识、医学职业价值和态度。这些教学内容将通过不同的语言组织形式呈现给学生：医学科普文章或视听素材、介绍医学发展史的文章或视听素材、医学影视剧、国内外与医疗相关的新闻或社会热点（包括文字、声音和视频资料）。

（2）教学实施。以听、说、读、写译等语言活动为形式，运用跨学科、多元化的教师合作模式。听力方面包括泛听和精听训练，阅读方面包括泛读和精读训练，口语方面包括小组讨论或辩论，写作方面包括总结或摘要书写。教学模式为共同备课—独立上课模式。两个学科的教师可以进行课前的共同备课，协调上课的内容和活动形式，课后再交流上课效果，各自发挥专长。

（3）学习评估。形成性评估和终结性评估相结合，语言技能评估和专业知识评估相结合。

综上所述，公共英语至医学英语衔接存在以下三个方面的问题：一是学生缺乏相关的医学英语背景知识，急需拓展医学英语文化背景知识；二是医学英语教师队伍需要扩大，医学英语教师多为英语专业出身，缺乏相关医学背景，没有衔接意识；三是公共英语与医学英语二者没有进行有效的课程整合，长期以来泾渭分明，不利于高职英语课程的整体发展，把二者进行有效衔接，有利于帮助医学院校学生从两门课程中获得最优的学习效果。

（二）重视医学英语专业教学

新形势下，高职院校在实际工作中应高度重视医学英语专业教学工作的开展，加大对医学英语专业教学的宣传，帮助教师及学生认识和了解医学英语专业教学，以此促使学生积极主动地参与到医学英语专业教学工作中来，降低英语教学工作的难度。此外，医学院校应加大对医学英语专业教学工作的投入，为教学工作的开展提供可靠的物质保障。

1. 加强医学英语教材建设

教材是学生与教师共同学习医学英语专业的基础。因此，院校要加强对教材的建设，保证教材中包含医学领域内最新的医学名词及知识，使得学生可以在学习教材知识的过程中提升自身的医学英语专业成绩，为学生未来的发展打下良好的基础。教材内容需要根据职业情境需要进行建设，保证教材建设的内容可以与我国医学发展现状相符合，并且教材中的医学英语专业应与学生所学的医学专业能力培养目标保持一致，以此提高学生的专业性。

2. 丰富医学英语教学方式

在信息技术快速发展的背景下，教师在医学英语专业教学中可以通过电教工具创新教学方式，引导学生加强对枯燥医学英语专业的学习。教师在课堂教学中可以通过视频及图片等方式讲解相关知识，提高学生的视觉体验，以此加深学生对医学英语专业的记忆和理解。例如，在医学英语专业单词教学过程中，教师可以使用多媒体技术展示与之相关联的图片，保证学生可以在图片内容解读的过程中理解单词的意义，以此加强学生对专业知识的掌握。此外，教师还可以通过教学网站引导学生搜寻自己感兴趣的知识，以此调动学生学习医学英语专业的积极性。

3. 打造高水平教师队伍

教师是学生学习医学英语专业工作中的"领路人"。因此，加强对教师队伍的建设是医学英语专业课程教学工作中的重要内容。首先，教师要具备大量的医学英语专业知识储备，保证教师可以在课程教授中使用自身的专业知识量赢得学生的尊重。其次，院校应要求教师具备一定的教学能力，保证教师可以积极总结医学英语专业教学中的问题，并引导学生加以解决，形成具有特色的教学模式，实现教学质量的提升。

（三）改变医学英语评价方式

改变评价方式也是提升高职院校医学英语专业教学工作质量的途径之一，可以有效地解决教学工作中的问题。针对学生口语发音不准确的问题，院校要在考核中增加对口语能力的考核，以此加强学生对自身口语能力的锻炼。并且在考核的过程中，院校不能只针对学生的应试能力进行考核，还应要求教师根据学生课堂教学工作中的表现，对学生的医学英语专业的应用能力及职业素养进行有效的考核，保证学生可以在科学的教学评价体制下全面提升自身的医学英语专业应用能力，为我国的医疗事业发展贡献自身的力量。

（四）加强英语课程体系建设

在实际工作中，高职院校应注意医学英语专业课程体系的建设，以此为教师开展英语教学工作提供可靠的依据，确保英语教学工作的高效有序开展。医学专业在建设课程体系的过程中应注意与公共英语课程进行衔接，以此保证学生能够系统地学习相关知识，促进学生英语成绩的提升。而且院校应在保证专业课程教学质量的基础上适当地提高英语课程的比重，为教师开展英语教学工作预留出足够的时间，以此帮助学生更好地学习医学英语专业知识。

第三章　高职英语教学实践

高职英语教学对培养综合型、实用型英语人才具有重要意义。本章将就高职英语词汇教学实践、高职英语语法教学实践、高职英语听力教学实践、高职英语口语教学实践、高职英语阅读教学实践以及高职英语写作教学实践具体分析我国高职英语教学实践。

第一节　高职英语词汇教学实践

一、高职英语词汇教学理论指导

词汇是语言学习的基础，学生能否对英语词汇进行准确掌握和熟练运用直接影响其听、说、读、写、译等语言应用能力的提高。词汇教学是高职英语教学的重要内容之一。在高职英语词汇教学中，很多词汇具有多个不同的意义，这种一词多义现象的形成大多与词汇意义的演变和拓展密切相关。概念隐喻及概念转喻等认知语言学理论对英语词汇意义的演变和拓展具有较强的解释力，能为高职英语词汇教学提供重要的指导作用。

（一）理论概述

概念隐喻和概念转喻是重要的思维方式和概念化手段。隐喻是源域与目标域之间的映射，通过跨域映射可将源域的概念投射到目标域中，从而使人们能够根据源域的概念来认知和理解目标域的概念。两种事物在我们的经验中存在某种相似之处或某种联系是隐喻产生的重要基础。经验的相似性或相关性使两个不同的概念之间产生联系，从而使两个不同概念域之间的映射成为可能。隐喻的概念关系的本质是相似性，概念关系的功能是联想推理。转喻是指在同一理想化认知模式中，一个概念实体为另一个概念实体提供心理通道的认知过程。因此，转喻是指在同一领域内用某一实体去指代另一实体。转喻从根本上说是一种参照点现象，通常用转喻表达所指的实体作为参照点为所需的目标实体（即实际所指的实体）提供心理通道。转喻的概念关系的功能是指称转换，概念关系的本质是邻近性。概念隐喻理论和概念转喻理论具有较强的解释力，被广泛应用于教学、语言及翻译等研究领域中。

（二）理论应用

如何让学生较为全面地掌握英语多义词的各个义项是高职英语词汇教学的重点之一。概念隐喻及概念转喻等认知语言学理论能为英语词汇意义的发展以及英语词汇多个义项的形成提供科学合理的解释。因此，教师可将概念隐喻及概念转喻理论应用于高职英语词汇教学中，运用这些认知语言学理论来指导高职英语词汇教学实践。

1. 概念隐喻理论的应用

在高职英语词汇教学中，很多英语词汇都具有多个不同的意义。英语词汇的多义现象是其词义随着时间不断地演变和拓展而形成的。英语词汇意义的演变和拓展并不是任意的，而是有着特定的认知机制。其中，概念隐喻是英语词汇意义演变和拓展的主要认知机制之一。通过对英语词汇意义演变和拓展的隐喻认知机制进行深入分析，有利于学生了解英语词汇意义发展演变的深层理据，从而增强学生对英语词汇意义的深入理解。因此，概念隐喻理论可以应用于高职英语词汇教学中，为高职英语词汇教学实践提供重要的指导作用。通过将概念隐喻理论与高职英语词汇教学紧密结合，教师可积极引导学生深入了解英语词汇一词多义现象形成的认知理据及各个词义之间的内在联系，从而使其对所学英语词汇的意义不仅能"知其然"，还能"知其所以然"，有效提高高职英语词汇教学效率。

2. 概念转喻理论的应用

除了概念隐喻，概念转喻是英语词汇意义演变和拓展的另一重要认知机制。在概念转喻认知机制的作用下，有些英语词汇的意义在本义的基础上不断地发展演变，拓展出新的意义，从而使这些英语词汇具有多个不同的意义，成为典型的多义词。通过对英语词汇意义发展演变的转喻认知机制的深入分析，有利于学生了解英语词汇一词多义现象形成的深层理据，从而使学生能够更深入地理解英语词汇的各项意义，有效提高词汇教学效率。因此，概念转喻理论可以应用于指导高职英语词汇教学实践。在高职英语词汇教学中，教师可运用概念转喻理论深入分析英语词汇意义演变和拓展的认知机制，积极引导学生充分理解英语词汇意义发展变化的认知理据，了解多义词汇各个意义之间的必然联系，从而有效促进学生全面掌握英语词汇的各个义项。

综上所述，在高职英语词汇教学中，将概念隐喻理论及概念转喻理论与高职英语词汇教学实践紧密结合，一方面能使学生深入理解英语词汇意义发展演变的认知理据及各个意义之间的内在联系，有利于学生对所学词汇的意义进行较为全面的掌握，拓展学生词汇学习的广度和深度，从而有效改善高职英语词汇教学的效果；另一方面，将概念隐喻理论及概念转喻理论等认知语言学理论应用于高职英语词汇教学中，有利于培养学生的隐喻及转喻等认知思维，促进学生在英语词汇学习中积极主动地运用这些认知思维来分析词汇意义的发展变化，从而有效提高学生英语词汇习得的效率。

二、高职英语词汇教学原则

词汇是每一位英语教师都会接触到的教学。在讲解文章、对话等文本之前，可能要先处理的就是文中的陌生单词。所以有很多教师在每次讲授新课时，都会集中先讲授单词部分，采取各种方法，例如引读、讲解词义、分析单词的词性、发音甚至最后听写单词等，让学生记住这些词汇。但是当在讲解文本时，或者在听、说、读、写等教学中，大多数学生仍然想不起学过的词汇，更别说应用到日常生活。因此，如何让学生能在课堂中对词汇有更深的印象，并且让学生更好地灵活应用到他们的考试中，高职英语教师在进行课堂教学设计时要认真思考，注意以下高职英语词汇教学原则。

（一）整体性原则

在课堂教学设计时，老师应整体先将要学习词汇的发音、词性、词义、搭配等系统地设计到自己讲授的课堂中，让学生先整体把握文章的新单词，心中对单词有整体的印象。

（二）呈现原则

在讲解文本时，应呈现文中的重点单词，并体现单词的直观性和情境性。利用图片，实物等手段，让单词变得活灵活现。或者在教学设计中，可以将微信等常用的表情放在词汇教学设计中，贴近学生的日常生活，吸引学生的注意力，尤其可使用"动图"等表情。

（三）趣味原则

如果一味地以传统的方式讲解词汇，对于学生来说，简直枯燥乏味。那么这个课可能会特别失败，甚至会减弱学生的积极性。这就要求教师让枯燥的课堂变得更加趣味，让基础薄弱的学生也能更好地投入到课堂，在教学设计中，应更多地思考、反思，或许加入一些趣味性，在趣味中加深理解，会收到更好的效果。

三、高职英语词汇教学方法实践探索

众所周知，词汇在英语学习中的重要性就好比砖头在盖房子中所起的作用。没有词汇做基础，不要说高难度的翻译和写作，就连最基本的表达都难以完成。而英语词汇中存在着诸如一词多义、多词性、多变形等复杂的语言现象，这就给词汇教学和学习带来了巨大的挑战。英语教师在进行词汇教学时必须讲求一定的方法和手段，才能保证学生的学习效果。

目前，高职的英语课堂词汇教学普遍存在的问题是教学方法单一，教学效果不佳。大多数老师采用的依然是带读单词、讲解词性词义、讲解用法和例句这样的单一模式，课堂依然是教师中心，学生只能边听边记；高职英语无论使用何种教材，按照这样的词汇教学步骤，一堂课下来只能收效甚微。除了单词表中的单词，大多数教师还会对课文中出现的其他重要单词进行讲解，即使有课文的语境，学生能够主动运用的机会还是很少。因此，普遍存在的情况是学生前面记、后面忘，记了很多却发现自己能用的很少。长此以往，学生对英语学习的兴趣逐渐减弱，反过来也不利于英语教学的开展。针对这个教学现状，下面探讨几种常见的词汇教学的方法，希望能够为高职英语课堂的词汇教学提供一定的参考和借鉴。

（一）构词法教学

英语单词使用构词法是非常常见的现象，懂得构词法的基本知识能够很大程度上帮助学生快速记住同词根的多个单词，也能够减轻学生的记忆负担。但现实情况是，虽然在初高中阶段就接触过构词法，多数学生到了高职阶段依然对它没有一个总体的、清晰的概念和认识，导致有些单词只是变了形却认不出来。因此，教师有必要在进行词汇教学时给学生清楚地讲解构词法，并结合具体的单词举例，加深学生的认知。常见的构词法有派生法、转化法、合成法、混合法、截短法等，下面以前三种最常用的构词法为例。

1. 派生法

派生法即在词根前面加前缀或在词根后面加后缀构成一个与原单词意义相近或截然相反的新词。这是英语词汇中学生必须掌握的最重要也是最常见的构词法，教师有必要将常见的前后缀给学生做一个梳理。例如 able, accessible, like 再加上表示否定意义的前缀 un-, in-, dis- 之后意思完全相反，学生掌握了这些常见的前缀很容易判断出 unable, inaccessible, dislike 的意义。而英语后缀通常会改变一个单词的词性，例如构成名词的后缀 -ment, -ence, -tion 等，构成形容词的后缀 -able, -ful, -ous, -less 等，构成动词的后缀 -en, -ize, -fy 等。学生掌握常见的前后缀能够迅速扩充词汇量，也有利于建立前后知识的联系。

2. 转化法

转化法即英语词汇中，有很多单词是一词多性。有的名词可作动词，有的形容词可作副词或动词，这种把一种词性用作另一种词性而词义不变的方法叫作转化法。以 value 为例，在 increase in value 中，它是名词"价值"；但是在句子"The property has been valued at over \$2 million."中，它则是动词"给……估价"。教师要鼓励学生课内外多积累此类词汇，遇到旧单词新词性、新词意的时候学会灵活变通。

3. 合成法

合成法顾名思义，将不同的单词合在一起形成新的单词。教师在教学过程中可以鼓励学生根据合成词中的两个单词各自的意思猜测新单词的词义。例如 painkiller 由 pain 和 killer 两个单词组成，分别是"疼痛"和"杀手"的意思，因此可以大胆猜测是表示"止痛药"。English-speaking、poverty-stricken、typewriter、overthrow 等都是常见的合成词。教师在讲解合成词时需要给学生一定的思考时间和适当的提示，慢慢引导学生自己独立找出合成词并大胆猜测词义。

（二）词源教学法

在高职英语课堂上，词汇教学一直都是重点之一，然而在对学生进行词汇掌握的情况调查时却发现，学生的词汇掌握情况不尽如人意，甚至可以说传统的以释义和讲解用法为准的教学方法，对于学生词汇量的掌握帮助并不大。近年来，高职英语的课程在不断完善当中，取得了不俗的成绩，然而在词汇教学上依然停留在阅读和学习篇章的过程中零星记忆单词，或者通过死记硬背的方式灌输词汇。因此，高职英语课堂的词汇教学或者沉闷枯燥，互动性不高，或者学生听课时听得很热闹，但印象不深刻。总之单词记忆始终是难点，如果不加以重视，这将为后续培养学生的综合英文素养造成隐患。

古人云："授人以鱼不如授人以渔"。然而在词汇教学过程中究竟什么是"渔"，如何授以"渔"而非"鱼"，是值得所有高职英语教师乃至整个外语界探讨的问题。为此，词源教学法将探索英语词汇背后的相关文化背景，将词源学的知识融入课堂，让每个单词鲜活起来，从而使学生热爱词汇学习，提高学习兴趣。

英语词源研究有着悠久的历史。Etymology，即词源学，它出自希腊语，是专门研究词的来源、历史和词义变化的学科，从历史的角度来研究词汇，属于词汇学的一个分支，又是比较语言学的一个部分。词源策略的主要内容为辨析同源词和词源意义。了解词源学，有助于理解和习得。英语经过长期历史演变后，很多词汇包含着超出本义的其他丰富含义。探究其来源，有些源自文学名著、名人轶事、风俗习惯，有些源自神话传说、圣经和寓言故事，还有些源自人名地名、体育娱乐、航海、狩猎、农业等。词语本身或者有关词语的来源，深深地吸引着学习者，使他们不断地去追溯探讨。认识同源词，结合单词和传说故事，找到相同的词源，学习者会发现与之相关的更多的单词和丰富的西方文化渊源。词源学知识可以将历史、文化与单词记忆有机地结合起来，从单词形式的角度对单词进行多维记忆。对于英语教学的现状，林行在文章中指出，词汇的教学方法是随机的、不形象的、孤立的。传统的词汇教学方法是教师先给出汉语的意思，然后再举例说明。通常不需要老师讲解内容，只是通过单词表背诵词汇。他还认为词源学上的字义分离是导致学生觉得英语单词难理解、难学习、难记忆的重要原因。在教学过程中，教师会分享词汇背后的故事，帮助学生加强对词汇的记忆。有学者从意义的角度探讨了词源教学在词汇教学中的整合。赵辉指出词源学可以激发学生的学习兴趣，帮助学生理解词汇，以及提高学生的词汇使用能力。通对词源学作用的阐述肯定了词源学在词汇教学中的合理运用，使学生更好地掌握和使用词汇。一些学者从词源学的角度探讨了词汇教学的策略。王昆芳在自己的文章中系统地提出了词汇教学策略。她认为理解词源有助于理解和习得。她提出的词源策略包括词源策略、综合词源策略和通俗词源策略。结合词源策略和文学词源策略，她提出了掌握词根词缀。帮助学生从根本上掌握词义。另外，使用词源分析和语言色彩分析。了解词汇形成的历史。英语词汇被赋予了独特的民族文化色彩，成为语言意义的载体。林伊杰对词汇教学的重要性和词汇的教学方法进行了深入的分析。他发现词源教学法是目前最好的教学方法，不过词源教学法并不是词汇教学的唯一方法。其他传统的词汇教学方法也是必要的。

（三）联想记忆法

有研究指出，牢固记忆一个单词，如果是机械记忆，需要反复80~100次；如果使用联想记忆，则只需反复3~4次。联想法有多种，如语音联想法、词根联想法、词形联想法、词义联想法等。比如单词electrophysiologist，绝大多数学生第一眼看到后会直呼"救命"。但如果掌握了词缀的意义和规律，学生就能飞快地寻找到"electro"这个部分表示"电"、"physi"这个部分表示"生理"，最后找到"ologist"这个部分表示"学家"。于是"电（electro）生理（physi）学家（ologist）"就出来了。教师可以选取课前线上布置的单词和由这些词汇联想到的单词，打乱顺序后发给每个小组不同的成员，通过生生互动找到相互匹配的每组单词。为了提高趣味性，营造更好的课堂氛围，教师应避免单一化活动环节，而尽可能地利用互联网资源找到匹配的抽象图片，以增加联想记忆的趣味性和难度。

（四）词汇测试策略

在讲授每课时的重点单词及短语后，教师抽查学生朗读单词或安排学生两人一组使用所学的知识造句或编对话；听力课程结束后，可以让学生分组复述听力材料的大体内容，并评选出较好的组别。教师可根据学生的测试成绩及时更新未来教学的侧重点和难点设置，以便更好地进行下一阶段的教学任务。测试的手段应尽量多样化，可以通过适当的游戏环节增加趣味性，这样才不至于让学生因压力过大而丧失信心。

四、高职英语词汇教学模式实践探索

（一）学生主体性教学模式

传统的英语学习课堂都是以教师为主体，学生被动地接受知识，也就容易形成"前记后忘"的尴尬局面，非常容易打击学生英语学习的积极性。因此，教师有必要打破传统的教学模式，逐步提升学生在英语词汇学习中的主体性。具体可以从以下四个方面着手。

第一，鼓励学生课前自主预习，教师可以将相关词汇的语音、语义、用法等通过微课的方式发给学生，让学生利用课外时间提前预习词汇。对于基础相对好的同学，可以直接通过课后的词汇题来检测自己的预习效果。需要指出的是，教师在学生第一次预习词汇时应该给以详细的说明和指导，让学生明确知道自己该如何预习，避免盲目性和无效性。此外，教师要鼓励学生自己先思考一个单词有无派生词、近义词、反义词等，学生自己思考的过程对于学习主动性的培养非常重要。比如 nervousness 这个单词，学生应该能够自己看出它的词根是形容词 nervous，加 -ness 这个后缀变得名词。学习能力更强点的学生可能会联想其他以 -ness 结尾的名词，如 happiness、illness、tiredness 等。

第二，课上与学生积极互动，教师可以设计多种多样的语言教学活动来检测学生的预习效果，包括看卡片识单词、纵横字谜、选词填空等。丰富多变的活动能够极大地激发学生的学习兴趣，使单词的学习变得不再枯燥。教师还可以根据班上学生的实际情况，开展关于词汇的 presentation。学生将自己对词汇的理解、课外查找的有趣资源、词汇的派生词等用 presentation 的形式展现出来，这也能增强学生词汇学习的主动性。

第三，指导和监测学生的课后复习和巩固，复习不仅仅是对词汇的简单记忆，而应该升华到应用的阶段。教师可以依托教材的课后习题，同时补充一些关于重点词汇的翻译和写作，来检验学生的掌握程度，提升学生词汇学习的应用能力。同时，也鼓励学生成立互助小组，高职英语班级通常由于人数较多使教师无法兼顾到每位学生，因此学生之间的互相督促、互相学习是教师课堂教学之外的重要补充。

第四，多渠道涉猎英语课外资源。英语词汇的学习仅仅靠课本是肯定不够的，一方面是因为课本由于编写时间、编者自身能力水平等因素存在着一定的滞后性和局限性；另一方面，仅仅依靠课本，学生无法将课本上所学的词汇进行很好的运用。因此，教师应该先从自身做起，多渠道涉猎英文素材，扩大自己的眼界，这样在教学的过程中才能够将课本内外的知识融会贯通，在举例的时候信手拈来。教师不断用这样的理念去影响学生，引导学生课外多看英语类的文章（有困难的学生可以选择双语文章），多看英语视频（诸如英语演讲、英文电影电视剧等），鼓励喜欢唱歌的同学唱英文歌，为喜欢的英语片段配音，等等，都是非常不错的积累丰富词汇的途径。教师还可以用 presentation 的形式让学生在课堂分享自己课外学到的新的词汇，这样能够增强学生课外学习的兴趣和提升他们的自信，让课外的英语词汇积累成为生活学习的日常。

（二）混合式教学模式

学习语言的人，掌握足够的词汇是成功运用外语的关键。也就是说，词汇贯穿语言学习的始终，丰富的词汇量可以使语言学习者更自如地应用语言。英语词汇具有数量庞大、来源复杂的特点，拿起词汇书就头疼是多数英语学习者的真实写照。根据艾宾浩斯记忆曲线，人在记忆一个东西后半个小时就可以忘掉一半，一天之后就只剩下25%。传统的高职英语课堂每周课时很少，其中用于讲授词汇的时间更是少之又少，自律性差的学生在下次课前依旧能够认识的单词寥寥无几。

《教育部关于中央部门所属高校深化教育教学改革的指导意见》中强调："着力推进信息技术与教育教学深度融合"。如果在学生记忆过程中进行基于互联网的线上线下混合式教学，及时对所学的内容进行复习，就会减缓遗忘的速度，极大地提高词汇学习效率。在这里就稍微介绍一下线上课程的优势与挑战。

在移动网络时代，人们的生活习惯、工作节奏、思维方式都在随着互联网的发展而改变，互联网与教育的深度融合势在必行。高职英语教学改革充分利用互联网和信息技术的优势，丰富了教学形式，也给学生的自主学习和个性化学习提供了更多的选择。在线课程的优势如下四点。

（1）海量优质资源共享

在线网络课程可以打破时间和空间的限制，实现海量优质资源的共享，其中慕课和微课尤为突出。中国幅员辽阔，受地理位置和经济发展速度等条件的影响，各省份、各高职院校之间或多或少地存在着教学差异。名校稀缺的教学资源在过去不可能向每位求学者开放，而在线网络课程的出现弥补了这一缺憾。尤其在新冠疫情的催化下，大部分高职积极使用了不同类型的在线教育平台，学生通过自己的手机、电脑等网络终端登录后就能进行学习，大大降低了教育成本。

（2）提升教师教研能力

使用在线平台授课对很多教师而言都是全新的体验，直播、录播、同步课堂等授课手段加强了广大教师对信息技术应用的了解，为加深网络课程和传统课堂的融合程度保驾护航。

（3）激发学生学习兴趣

英语学习平台为使用者提供生动有趣的图片和视频等资源，让学生在情景中记忆单词，提高记忆效率。另外，一些随着时代发展衍生的网络词汇流行用语也能更好地融入教学中。

（4）提升学生自主学习能力

学生不仅可以在碎片时间观看在线课程、完成在线学习任务，更重要的是可以及时进行复习；对难点和重点部分，可以依据自身的消化吸收能力反复进行巩固，自主掌控学习的节奏。

同样，在线课程对教师和学生的挑战有如下三点。

（1）教师工作量增加

纷繁复杂、种类过多的英语学习平台，给教师的筛选和分类工作带来了巨大的挑战。教师需要结合学生的兴趣和英文水平对这些资源进行归纳和分类，这势必增加教师的工作量和工作压力，对其个人生活和科研工作带来一定的影响。

（2）教师在线教学操作遭遇困难

在线课程对教师信息技术工具的使用也提出了挑战。如果缺乏系统的培训和指导，部分教师尤其是中老年教师在应用教学平台时都会遇到一定的阻碍，甚至遭遇教学断片的尴尬。

（3）学生自我管理能力差异大

学生在使用各种网络终端时可能出现对学习产生干扰的因素，尤其是居家学习阶段。教师没有办法对学生进行及时监管，一些自控性差的学生极难保证有效的在线学习时长。

混合式教学模式可从以下三方面开展教学活动。

1. 混合式教学的课前准备

课前，教师可以向学生提供词汇教学相关的资料，如音频视频和提前录制好的微课等，以便学生根据自身的英语基础和词汇储备，利用碎片化时间调节学习速度。传统课堂很难在讲授词汇时结合实物或者影像音频等辅助手段，互联网信息技术利用灵活的移动网络学习环境和多元化资源优势弥补了这个遗憾。网络化超越时间和空间的限制，实现海量资源的共享，更利于学生自主学习能力的培养。以"超星学习通"平台为例，对于事先录制好的视频和课件内容，教师可以随意设置开放和关闭时间。学生可以把学习情况和在线时长反馈给任课教师，方便教师在后台监督学习情况。教师可以根据数据反馈的结果，及时调整线下教学的教学活动设计，最重要的是可以根据不同班级、不同专业学生的课前掌握程度调整重点和难点。

2. 混合式教学的课堂教学

（1）充分利用多媒体设备，通过视频、图片等展示来解释英语单词的源头。当教师讲解词汇的文化背景时，口语讲解可能难以促进课堂气氛。教师可以截取与单词对应的片段，在计算机的帮助下播放给学生听。这种方法可以促进课堂气氛，让学生更直观地感受到英语词汇背后的文化意义。如 Pro- 这一前缀，源于希腊神话中著名的先知之神普罗米修斯。他因为人类盗取火种，被宙斯困于高加索山上，每日有一只秃鹫来啄食他的肝脏 12 小时，每当天黑他的肝脏会再次生长，周而复始地接受惩罚。希腊神话故事里对他的描述就是，普罗米修斯总是在考虑将来要发生的事情，并且对即将要发生的事情做准备工作，对第二天即将要发生的事情，甚至是为下一个月、下一年和百年之后的事情做准备工作。因此，pro-这一前缀就是"before""提前，前面"的意思。如此这般，学生必定对这一词缀印象深刻。

（2）英语中有很多丰富的谚语、绕口令、笑话、谜语等，恰到好处的应用能够帮助学生在轻松的氛围中记住词汇。例如教师在讲 spill 这个单词时介绍谚语"Don't cry over the spilt milk."；同时让学生推测谚语的意义，多数情况下学生在老师讲完 pill 意义之后是可以猜测出来的。在讲 cannery 时，介绍词根 can 的意义和用法，同时写出"Can you can a can as a canner can can a can？"绕口令让学生大声读出来并说出其意义，这样能极大地激发学生的学习兴趣和热情。

（3）采用形式多样的词汇复习方式和手段。除了大家经常使用的听、写来检测学生的记忆之外，教师可以将全班分为几个小组，每个小组内部成员互相检查，这样的方式同时能够促进学生的良好沟通和共同进步。还可以使用的方式是"一人表演其他人猜"，由一个学生口头描述或是辅助肢体表演，班上其他的学生猜测出词汇；如果没有人猜出来，则换另外一位同学表演。总之，教师可以使用多变的形式来丰富课堂活动，充分调动学生学习词汇的积极性。

现以西安交通大学出版社出版的《大学"文化体验"英语综合教程1》中的"Chapter2Confucius：A Great Thinker and Educator of China"为例，来分享课堂的词汇讲解小案例。

（1）利用整体性、系统性原则，先整体呈现文章中的新单词，带领大家熟悉词汇。之后，就是学生们十五分钟的展示时间。根据要求，小组成员都会使出浑身解数，利用各自成员的优势和智慧，来让其他学生们理解与应用单词。在这个过程中，学生的注意力非常集中，积极参与。教师也可通过学生们的展示学到很多。

（2）教师点评小组成员的呈现结果，并以考查的方式检验其他学生对本章节词汇的掌握程度。根据教师考查的反馈和小组展示中学生的反应，在词汇教学中采取合适的方法，着重讲解不熟悉的，需要补充的单词。

例1：Confucius，one of the most influential philosophers in Chinese history，is a household name all over the modern world.

在这个句子中，需要讲解的词汇是"influential"，首先让学生们搞清楚发音、词性、词义，然后通过展示一本莫言的书《红高粱》，让学生在语境中翻译一个句子："这本书对我们影响极大。"通过这个句子的翻译，不仅学生可以使用词汇，老师还可以借助《红高粱》这本书和学生们一起讨论莫言和他的作品，了解莫言的写作风格，并提问学生，在看过的书中，对他们感触很深的语言，一起分享给大家。

例2：Confucius was appointed Minister of Public Works and then Minister of Crime.

在该句中，需要补充讲解的单词是"appoint"，这个词首先通过英文解释释义"to choose somebody for a job or position of responsibility"，之后通过句子加深理解："总统任命了一位平民做国防部长。"看到这个句子后，让学生们首先思考要用到的词汇（president、civilian、defense），再通过英语语法规则翻译这个句子。结合美国总统大选，学生们可以表达自己的所知所解，分享他们对美国总统大选的看法。

例3：In the Analects, the process of developing benevolence（Ren）is mainly conducted through ritual propriety（Li）。

这个句子谈到了论语中的"礼"，之后说道"propriety"，并讲到中华民族是个讲究礼仪的国家。然后让学生分享了一些餐桌礼仪、见面礼仪、鞠躬礼仪，学生更感兴趣的是"绅士礼"。为了贴近学生的生活，结合自媒体"抖音"近来火热的"明星绅士礼"分享给学生，学生们立刻情绪高涨，注意力都投向了大屏幕，同时也可以邀请学生模仿"绅士礼"。

（3）在文章结束时，通过"词汇接龙"，以"字母 A 至字母 Z 的"方式，回顾文章的新单词，并且让学生大声读出来，纠正发音，毕竟语音是词汇教学的第一关。在这个过程中，通常以"随机点名"的形式考查大家，让每一位同学都提前做好心理准备，总结学习的词汇，希望以这样的方式能够引导大家做好课后总结和反思。同时，在课下让同学们通过使用所学的新词汇，编一组日常对话，以录制"小视频"的形式提交线上作业，分享给班里的每一位同学学习。

3. 混合式教学的课后巩固

艾宾浩斯记忆曲线提醒我们，想要掌握词汇就要反复地复习和巩固。完全依赖课前和课上的讲授和互动是远远不够的，这要求学生在课后利用练习和测试来加强对词汇的记忆和应用。通过"超星学习通"平台发布以新学词汇为考察点的英汉互译练习或以小组为单位的对话练习等，都会针对学生提交的答案自动生成关键词统计。教师需要及时对课堂教学进行总结和反思，对不同班级出现的难点和高错误率的词汇进行补充讲解和练习。教师在"超星学习通"平台发布作业后，可以对作业的时长及发放对象进行个性化设置。学生不仅可以发送语音回答，还可以发送图片进行回答。提交作业后，教师线上可以对作业进行批改和反馈，大大节省了课堂教学的时间。如此一来，学生的不同需求得以满足，逐渐成为学习的主人。

综上所述，词汇是英语学习的基础，是学好英语的大前提，没有一定的词汇量，估计在接下来的听、说、读、写、译等活动中，寸步难行。在课堂词汇教学中，教师应该避免传统的教学方式，即简单的英译汉、汉译英已远远不能吸引学生的注意力。因此，在课堂教学设计中，应力求方法多种多样，并且高职英语的课堂是大班授课，更应该避免传统的词汇教学，应结合学生的日常生活，结合当下发生的新闻事件，适当地通过词汇创造语境、模拟语境，让学生们既学习了单词，也了解了日常所发生的事件。同时，可利用互联网，自媒体等其他外在辅助，帮助教师词汇教学的课堂设计，让学生们感受到科学技术的便利，了解到学习无处不在。

第二节　高职英语语法教学实践

近年来，随着经济的高速发展，我国对外经贸和其他交往活动变得日益频繁，整个社会大环境对应用型英语人才的需求量逐年增加。因此，培养各年级学生，尤其是高职学生的英语运用能力和交际能力变得尤为重要，而语法作为英语语言的基础和重要组成部分，是语法能够成为语言的根本任务之一，忽视语法的英语教学会对学生语言输出造成难以逆转的危害，如何进行有效的英语语法教学是每个英语教师都会面临的重大且不可忽视的问题。

经济的全球化时代，英语的重要地位会越来越被强化。随着高职英语教学的不断改革，英语语法的教学现状也相对容易被改变。我国高职学生英语语法的学习效果整体不太理想，在使用英语时，很容易出现各种语法错误，而且语言组织能力也较差。因此，高职英语的语法教学应该得到更多的关注，如何进行高职英语语法教学实践探索，帮助学生有效地学习英语，也变得尤为重要。

一、高职英语语法教学目的及重要性

（一）高职英语语法教学目的

"强调主体教育"是我国基础教育课程改革理念中一个突出的部分，实际上就是要求学校课程能够返回到生活世界里，找回失落的主体意识。主体教育者重视的是科学世界回归到生活世界以及融合这两者于一体，从而能对因隔离科学世界与生活世界所导致的主体性泯灭以及意义失落进行相应的弥补。从本质上说，主体教育观指的是在课程体系中能够统一自然、社会和人这三者，而课程的基本来源也应该是这三者，学生就有机会向自然走入，同时还保持着与社会和现实生活之间的密切联系，会更关注自己所掌握的个人知识，在自我体验及感受中获取到应有的知识。基于"主体教育"，课程的基本来源——人是具有"生命主体"的，而在教学中，对应实体就是"学生"。由此可见，从"主体教育"的本质意义来看，我们应该以学生为主体，而学习和掌握语法知识则是学生学习语法的目的所在，能够更好地交流和应对考试。

（二）高职英语语法教学的重要性

学习外语和学习其他知识是一样的，也有其自身的规律，学习过程就是发现规律、寻求规律的过程，同时重组原有规律。由句子组成语言，而不是由孤立的词组成的，通过一定规则可以构成句子。所以，语法和学习英语都是教学中非常重要的。学生全面掌握语法规则和结构的内在机理之后，对于其记住规则和有关结构能起到重要作用；对结构的理解越深入，越能对语言准确地加以运用。由此可见，高职英语语法教学的好坏将影响学习者对语言能否正确运用，同时也影响其学习到多少知识。

在高职英语语法教学中，学生学习和使用语法时面对的最大困难就是有太多的英语语法头绪、顾此失彼，有很多知识点都是学生在中学学过的，所以当他们在高职院校再学习时就会觉得非常枯燥，也对此不重视，而且积极性也不高，所以教授语法必须要讲究策略。教学策略指的是教学运用的具体方法，并运用一定的教学原则和教学理论、过程、方法的综合规定。从语法体系的角度来看，其特点是复杂且十分庞大，因此语法教学必须要做重点强调的部分就是教学策略，单一、呆板的教学必将会导致一些不好的结果出现，比如死板、混沌、遗忘等。

二、高职英语语法教学中的语言迁移

语言迁移首先出现在对比分析研究中，在20世纪四五十年代，语言迁移理论逐渐被广大学者所认可。一般而言，迁移是指前期的学习对后期学习的影响，这种影响被认为有正面和负面两种。具体到语言学习而言，语言迁移理论认为在外语习得过程中，语言迁移是普遍存在且无法避免的一种现象，母语对外语习得的有益促进为正向迁移，母语对外语习得的不利影响叫作负向迁移。正向迁移和负向迁移可以同时存在、互相影响。

（一）语言迁移现象

1. 正向迁移现象

汉语和英语有一定的相似之处，这是语言迁移理论中正向迁移产生的主要原因。例如，在高职英语语法课堂教学中，学生在爆破音方面的学习基本没有太大问题，因为这些音标的发音规则与汉语没有太大差异。再如，英语中的宾语从句、时间状语从句、条件状语从句等是符合汉语使用习惯的，因此高职学生对这些语法知识的掌握情况普遍良好。在这种情况下，语言迁移理论的正向迁移效果明显，高职学生在学习这些句式结构时很容易凭借其汉语使用经验，较好、较快地掌握英语中的这些句法结构。

2. 负向迁移现象

不可否认的是，英语和汉语存在巨大的差异，英语属于印欧语系，而汉语属于汉藏语系，二者之间有根本性的不同，这也让高职学生在学习与汉语截然不同的英语语法时感到困难重重。例如，汉语从句通常位于被修饰词的前面，而英语从句则通常位于被修饰词的后面。汉语修饰语只有一个标志词"的"，而英语修饰语与定语从句则有更多复杂的规则，这让高职学生在理解、使用英语修饰性成分时会觉得比较困难。

（二）语言迁移理论的应用原则

1. 积极发挥语言迁移的正向作用

研究表明，学习者在学习第二语言时所犯的错误有一半左右是由于母语的干扰，这一现象在以汉语为母语的英语学习者身上表现得更为突出。在理想的条件下，英语学习者应当完全抛弃原有语言习惯和语言基础，以纯粹的英语思维开展英语的学习和使用。但在实际英语教学中，学习者无法完全消除母语对英语学习的影响，他们在学习英语的过程中会受到母语的正面或者负面影响，这种影响贯穿学习者的整个语言学习过程。在这种情况下，高职英语教师应正视语言迁移的正面和负面作用，充分遵循高职学生语言学习的客观规律，积极发挥语言迁移的正向作用。

2. 努力克服语言迁移的负向作用

如上文所述，语言迁移的负向作用是不可避免的。因此，高职英语教师要正视语言迁移理论的负面作用，并积极引导学生正确认识英语语法学习过程中存在的语言负向迁移现象，让高职学生认识到在英语语法学习中出现不自觉地利用汉语思维进行阅读或写作的情况是正常的。学生如果在英语语法学习中出现了因负向迁移而导致的错误，教师应当耐心地引导他们对错误原因展开分析，并从语言迁移的负向作用机理入手，帮助他们建立完整、科学的认识。同时，教师应鼓励学生在日常生活中积极地使用英语并有意识地降低汉语的负向迁移影响。教师只有指导学生对英语语言习惯和语法规则进行大量的应用和纠错，才能让学生更加牢固地掌握汉语语法和英语语法之间的不同，降低语言迁移的负向作用。

三、高职英语语法教学中存在的问题

（一）英语语法教学不受重视

为了缓解学生"哑巴式英语学习"的窘境，20世纪末，我国大范围推广"英语交际法"教学模式，由于英语的实际运用得到了相应的重视，学生的交际能力和自我意识逐步得到了一定的提高。同时，语法的重要性受到了相应的质疑，甚至很多人把它放到了英语交际的对立面，进而开始淡化和排斥语法，而且大多数学校都没有设置单独的语法教学课程，大多数老师会在英语的课堂中不规律的穿插讲解语法甚至不讲语法，由于课时的局限和语法内容挑选的随机性，导致大多数语法内容可能会跟初、高中的知识点相重合，并且衔接度也不够高，如此随意且自主安排的教学方式会让部分学生失去对英语语法学习的兴趣，导致他们无法系统地掌握整个语法脉络，不能从较高维度掌握英语语言的规律及结构，更谈不上灵活运用了。长此以往，很多学生的英语语法水平会长期停留在相对初级的阶段，也会严重影响他们的英语口语及书面表达能力。

（二）英语语法教学本身存在问题

1. 语法教学形式传统且单一

英语教师在传统的高职英语语法教学过程中，不管是针对哪节课，采取的教

学方式都是讲解式的,即不断地讲解,并且采用的辅助练习方式为机械的语言。高职学生长时间在这种环境下学习,难免开始认同错误的学习理念,在学习语法时会习惯性地利用机械式记忆方式以及练习模式,在教学中基本不涉及交流与应用环节。在这种单一教学方式的背景下,高职学生学习英语语法就会存在严重的生搬硬套情况,缺乏灵活性,这就完全背离了现代社会高素质人才的培养方向以及出发点。

由于受到传统教学方法的深远影响,大部分教师在教学的过程中都不太重视英语语法的灵活性,都喜欢按照传统的方法进行教学。这样学生的主观能动性很容易被忽视掉。英语教师一般会先对语法知识进行简单讲解,然后向学生灌输语法的理论知识,传统且单一的教学方式很容易让知识理论与实践活动相脱节,导致课堂枯燥乏味,学生的学习能动性低下,甚至对英语语法学习产生厌学和抵触心理;更有甚者,会把语法教学和交际教学完全对立,认为英语语法的学习不会影响学生的英语交际能力。种种原因造成学生在英语的学习中主动或被动地忽略掉语法学习的重要性。因此,才会出现英语运用出现大量语法错误、英语整体能力难以提高等一系列问题。语法是语言系统中非常重要的一部分,是语言能力的基础,那种认为交际教学法与语法教学毫无联系的想法本身就是对交际教学法的误解。社会语言学家海姆斯提出:一个人的语言能力不仅包括乔姆斯基提出的能否造出合乎语法句子的语言能力,而且还包括能否恰当地使用语言的能力。

2. *存在重知识轻能力的现象*

近年来,虽然我国高职英语教学都在大力倡导加强对高职学生英语实践应用能力的培养,但是从当前部分高职英语课堂教学情况来看,重知识、轻能力的情况还比较严重。在高职英语语法教学方面,教师的所有安排都是为了让学生扎实地掌握语法知识,按照安排好的知识点进行教学。如果教学开展中采取的是这样的方式,就很难体现出任何实用性色彩。因此,这是毫无意义的教学活动。另外,学生参加英语四、六级考试是高职期间的一个重要活动,而此类考试的应试色彩比较明显,有些教师始终认为自己的教学方式是适宜的,所以与等级考试相关的语法知识和语言技能是需要重点向学生传授的,学生必须要不断练习,加深记忆,以便能通过英语等级考试。如果在英语语法课程教学中,一直保持着重知识、轻能力的状态,则很难提升学生的应用能力。

3. *语法教学时间少且不规律*

在传统英语教学中,除了英语专业院校的同学会有专门的英语语法课,大多数非英语专业的同学都不会安排独立的语法课。因此,教师在英语教学时,由于时间的限制，为了完成相应的教学任务，大部分人都会压缩语法讲解的时间，更有甚者，直接将语法教学排除在外，语法教学在部分高职已日益被边缘化，此外，大部分学生学习英语语法时并没有专业且独立的教材，一般都是穿插在英文课本的某个角落一笔带过，有的老师会认为高职英语教学的主要任务就是增加学生的词汇量，提高口语交际能力，突破英语等级考试，更有甚者，会把语法教学放在传统英语教学的对立面，在教学中刻意回避语法讲解。以上种种原因，使得部分学生在英语学习的过程中根本学不到语法或者根本意识不到语法的重要性，所以才会导致他们的英语综合能力难以提高。

（三）学生的学习主体性被忽视

学习和掌握语法知识是高职英语教学的目的，从而帮助学生更好地交际，最终能顺利就业。因此，该学科的特点是实践性较强，学生要主动地参与和学习，在这种情况下，取得的教学效果才会更好。目前，从我国多数高职英语语法课堂教学的实际来看，教师占主导地位的情况仍然比较普遍。所以，教师的地位被明显放大，选择教学内容与教学方式时也忽略了学生的主体地位，没有认清学生是学习主体这一事实，完全按照自己的教学任务来授课。在整个课堂教学中，学生并不是主动参与，一直处于被动的学习状态，长期处于被动的学习与记忆状态中，学生对英语的学习兴趣会被逐渐消磨掉。由此可见，必须要摒弃这种忽视学生学习主体性的教学方法。

四、高职英语语法教学策略实践探索

（一）提高语法差异敏感性

由于语言系统的结构和表达思维习惯不同，汉语和英语之间存在很大的差异。学生通常对这些差异感到困惑，特别是语法，许多语言差异都可以反映在语法上。在英语的句子中，代词是非常必要的，可以使结构正确和清晰，避免复杂句子中的表达冗余。不仅有人称代词，还有相关代词，等等。另外，英语中有一种特殊的被动语态结构，但汉语中没有这样的结构。英语和汉语在语法上的差异对学生的语法有着深刻的影响。

在高职英语语法教学中，教师可以在平时搜集一些典型的英汉差异例子，在总结和归纳之后，将其应用到课堂教学中。在这些对比案例的支持下，教师可以为学生打造一个更具针对性的、丰富多彩的教学环境。在这样的教学环境中，教师结合适当的对比案例对汉语和英语差异进行直观解释和阐述。同时，教师应当根据不同学生的学习能力和学习特点，设计不同的语法教学内容，为学生打造更生动、形象的语法学习环境，在英语学习中积极引导学生逻辑、对比、分析能力的发展，并借助汉语中与英语类似的语法规则，让学生更深入地理解英语语法知识。教师可以引导学生通过类比学习英语中与汉语类似的语法习惯，强化语言迁移的正向作用；同时，教师可在丰富的教学材料的支持下，让高职学生充分认识英语语法和汉语语法的不同之处，并通过习题和训练，强化对差异的认识，从而降低语言迁移的负向作用。教师应帮助学生形成积极主动的学习习惯，提高英语学习的效率和效果。

（二）提高语法教学重视性

要想熟练掌握一门语言，使其运用更精准、更明确、更有根基和内涵，我们必须要系统且完整地学习它的语法知识。教师在教学过程中应该意识到语法学习对于高职学生语言学习的重要性，要认识到高职语法是中学语法在广度和深度上的拓展和加深，要在课堂上将语法教学作为重点来进行讲解，特别是要将语法教学内容与各种学习形式相结合，系统且连贯地给学生讲解语法知识，让学生逐步意识到语法学习对于更好灵活应用英语的重要性。而且，通过诸多实践，发现英语语法教学并不是站在英语交际法的对立面，相反，英语交际法是可以促进英语的语法教学，它们是可以相辅相成、相互成就的。强调学生交际能力的同时，也要重视语法的正确运用，只有这样，学生们才能在日常的生活中流利说出正确的句子，而不是漏洞百出，影响日常交际。

（三）改进传统教学方法

在进行语法教学时，教师应该对传统方法不断进行创新，提高自身教学能力的同时，不断改进和融入全新的、优质的教学方法，并且能够合理运用信息技术手段与数字资源来创设信息化教学环境，以此打破时空局限，为教师全程育人创造有利的条件。我们可以将课堂学习与在线学习相融合，选择性地使用腾讯课堂、蓝墨云班课、U校园等一系列移动应用，采用线上、线下相结合的教学模式，优势互补。这样不仅可以督促学生积极地学习，还可以充分发挥他们的主观能动性。线上教学可以采用头脑风暴法、案例分析法、情境教学法、互动交际法等多样化的教学方法，改变老师一味说教的传统生硬的教学方式，让原本枯燥的语法教学变得生动有趣，实现教学立体化的同时，还能提高学生的参与感和学习成就感。

教师不仅要加强语法的教学和训练，还要教会学生如何掌握和正确的使用语法规则。首先，最有效的途径是为学生提供学习和实际使用英语的机会。教师可以建议学生收集他们在英语学习中所犯的错误，例如在他们的作文或试卷上出现的错误。培养学生这种习惯是为了帮助学生纠正和消除他们在以后的作文中可能出现的错误。其次，教师可以鼓励学生从教科书和练习材料在内的阅读材料中摘抄表达清晰、用词丰富、句式结构高级的语句，以此作为作文材料的积累。

（四）利用语法翻译夯实基础

在高职英语语法课堂教学中，教师将语法教学和翻译教学进行有机结合，可以有效提升学生对英语语法的掌握程度，进而夯实学生的英语学习基础。例如，在开展英语语法教学时，教师可以事先搜集合适的翻译材料，并在课堂教学中设计翻译训练环节。教师可以利用课堂翻译练习的机会引导学生大胆尝试、积极参与，不要担心翻译结果的对与错，而是根据教师提供的翻译材料和自己对于英语的掌握大胆进行尝试。在学生完成翻译练习之后，教师可以开展对翻译结果的点评。在点评时，教师应当重点强调学生在翻译过程中存在的语法结构和词汇问题，并对所提供材料的写作手法、表现方式等做简要评价，为学生提供一个阅读、翻译、写作等方面的综合性评价。通过长期、持续的翻译教学，学生能够开阔眼界，增加对英语语法的使用感悟，进而达到熟练掌握英语语法、规范使用英语语法的目标。总体而言，语法翻译教学可以更好地提升学生的英语学习探究能力，强化学生的英语学习动机，为学生英语语法学习水平以及英语应用能力的提高奠定坚实的基础。

（五）利用阅读强化教学效果

高职英语语法的掌握程度直接关系着高职学生的英语应用能力，而要想提高高职学生的英语应用能力，大量的英语阅读必不可少。从这个方面来说，教师要想更好地提升高职学生英语语法掌握程度，就应该利用阅读教学作为切入点，加强高职学生英语阅读训练。

在高职英语语法课堂教学中，教师可以为学生选择难度适当的英语阅读材料，要求学生开展阅读训练，并对学生的阅读训练的过程和结果进行记录。在学生完成指定英语材料的阅读之后，教师可以在课堂上对这些英语阅读材料进行分析和解构，并选择其中较有代表性的句式进行讲解，分析优秀英文读物中的语法使用环境和使用方法，进而为学生直观地展示英语语法使用语境和使用规则。在积累了一定阅读量之后，学生的英语语法能力、英语写作能力等均会有明显的提升。持续开展阅读教学可以让学生不断地学以致用，进而扩大其英语语法知识面。教师可以充分利用阅读教学的方式提升高职学生的阅读量、阅读能力以及高职学生的英语表达能力，进而可以更好地提升语言迁移的正向作用，降低汉语语法规则的负面干扰作用，实现高职语法课堂教学效果提升的目标。

（六）调动学生学习积极性

1. 调整师生角色

传统高职英语语法教学都是教师占据中心位置，为学生传授知识，而学生被动地接受。若要促进高职英语语法教学，就必须对师生角色加以调整，并且重视对教学理念的更新。虽然教师还是知识的传授者，但只是组织、参与课堂教学活动，不是课堂的中心，对学生学习语法加以指导。教师对学生及时加以引导，使其成为学习主体，在课堂教学中积极主动地参与进来。此外，教师为帮助学生对自己的新角色能更好地去适应，就要在课堂教学中对学生的主体意识加强培养。

2. 利用形成性评价

在我国传统的教学评价方式中，终结性评价指以期末考试成绩评估学生学习水平的方式，但这种以"分数论英雄"的评价方式让学习目的仅限于"考试取得高分"，而师生之间理想的交流和互动难以实现。在考试分数的压力下，部分学生甚至会产生厌学和抵触的心理。

在这种背景下，采用形成性评价来衡量学生的学习情况凸显了一定的优势。形成性评价是以学生学习过程和解决问题能力为主要考查内容的评价手段，较之于终结性评价更加注重学生的主体地位，能让学生的学习主动性真正发挥出来，避免学生因为担心学习成绩而有较大的心理负担。例如，在讲解非谓语动词时，教师可以根据教学需要，鼓励学生主动使用非谓语结构简化较长的英语文章，教师则根据学生简化任务情况进行评价，进而可以充分了解学生对该知识点的掌握程度，设计更加具有针对性的语法教学内容。这不仅锻炼了学生应用英语进行写作的能力，也能让学生在实践中体会英语语法的具体使用方法，再加上教师适时的引导和鼓励，更能让学生在自己的进步和外部的赞赏中获得心理上的满足，进而形成积极学习英语的良性循环。因此，教师在高职英语语法课堂上积极使用形成性评价，不仅能够迅速提升学生的学习兴趣和积极主动性，也能极大程度地发挥语言迁移的正向作用，强化学生的英语语法学习效果。

(七)线上与线下相结合

语法是语言运动的游戏规则,也是英语学习和运用过程中的一个不可缺少的条件,更是交际大门被顺利开启的钥匙。在传统的线下教学过程中,高职英语语法教学采用的教学方式是单一的、呆板的,教师教学动力不足和学生缺乏学习动力等问题普遍存在。因此,要对语法教学采取的策略以及教学目的进行深入研究。总的来说,"线上+线下"混合式教学模式可以对传统的语法教学模式的缺陷进行弥补,将学生的学习热情激发出来,能够主动积极地去学习,促进学习效率得到不断提高。

高职英语语法"线上+线下"教学的优势有如下两点。

(1)提升学生的自学能力,增强学习兴趣

与单纯的线下教学模式相比,"线上+线下"教学模式不仅改变了当前的英语语法学习方式,而且在内容层面上还有了更大的进步。线上教学能将各个网络平台的教学资源充分利用起来,也就意味着在线下课堂的有限教学资源基础上进行了补充与扩展。学生按照自己英语语法学习的实际要求和学习兴趣去搜集一些有针对性的教学资源。学生在"线上+线下"教学模式影响下,可以在线上的教学资源平台上,按照自己线下的语法课程学习需要进行自主学习,所以学生的自主学习意识和学习英语语法的能力就能得到一定的提高。不仅有利于学生的课堂活跃度得到提升,而且课程效率也得到了相应提高。

(2)教学资源得到拓展,课本不足得到弥补

目前,线上的教学模式主要有以下形式,即直播、录播等,可以反复多次地观看教学内容是线上教学形式最为明显的一个优势。从内容方面来看,语法教学内容的难度是不稳定的,也不是持平的,因为会随着内容和阶段的不同而出现波浪式的交替变化。在以往线下的英语语法课堂教学上,有时受到教学课时的一些限制,使得英语教师无法全面、到位地去讲解部分重难点知识。而且学生掌握的语法知识点的程度也有所差异,并且每个学生都有自己的薄弱环节。利用线上的授课方式,通过对知识的重复讲解与回放,学生就可以对一些重点与难点问题进行回顾,补充进去相应的学习内容,之后再结合线下自己所学的语法内容,这样就能保证达到最佳的教学效果。

基于高职英语语法"线上+线下"教学模式的优势,该模式的应用策略如下:

1. 构建网络教学平台

在高职英语语法教学中,要充分利用"线上+线下"教学模式,并且构建一

个网络教学平台，这对于高职学生英语语法的应用能力提升具有重要意义。将传统教学模式和网络教学有效结合起来，利用两者的优势就形成了新的教学模式，即"线上+线下"教学模式。在高职英语语法课堂教学中，应用"线上+线下"教学模式能将学生自主学习英语的主动性充分调动起来。尽管有些学生没有较好的英语基础，但是他们可以主动地探索和发现所学的英语语法知识。通过"线上+线下"教学模式，英语教师就可以进行网络授课，完成备课、作业的布置与批阅、在线问答等多个环节，线下也能与其他教师互动。例如，利用网络教学平台，教师将课堂上要用到的资料传到该平台上，这样学生既可以在课余的时间温故知新，在网上完成教师布置的作业，对于学生的问题，教师可以去集中解答。通过对这种学习平台的合理利用，能强化语法教学中的实践教学环节，提高学生的英语水平，使学生体验到语言交际功能的强大。

2. 构建真实职场环境

"线上+线下"教学模式的应用，有利于真实职场环境的构建，由此还能使高职学生的英语语法知识掌握得更牢固，促进其英语文化素养得到相应的提升。在高职语法教学过程中，英语教师先采集网络中的音频视频素材，再对这些素材进行整理编辑，当这些环节全部完成后，最终就成为多媒体课件，应用到课堂教学中，发挥出很大的作用。通过对这些资料的合理利用，能将学生置于真实的语言环境中，运用正确的语法知识去进行英语交流，还原一个真实的工作场景，激发学生对英语语法的兴趣。师生间有越来越多的途径可以加强互动，师生在课堂上进行的交流是面对面的，课下可以利用QQ、微信等不同的聊天工具交流，而且随时随地都能交流、不受限制，师生也可以直接交流。总之，这些有效途径都为学生今后就业奠定了基础。

语法作为英语学习中的一个重要环节，对英语学习的成败起着关键作用。高职英语教师不能因为课时不够或者主观认为学生在高中已经学习了大部分语法知识，就在课堂上弱化语法讲解或者完全不讲授语法知识。高中语法的学习是浅显松散的，不符合高职语法连贯和完整性的标准，因此我们应该将语法当作高职英语学习的一个重要且必要的环节，在课堂及线上系统深入地进行讲解。系统的语法学习对于学生提高英语综合运用能力的作用不言而喻，高职英语老师应该转变观念，重视语法教学，合理安排语法教学的内容和方式，让学生养成重视语法学习的自觉性，为以后的英语学习打下牢固的基础。

第三节 高职英语听力教学实践

一、高职英语听力教学背景

听力理解是一个复杂的心理过程,在这个过程中,听者根据说话者所说信息构建并理解说话者想表达的真正含义。英语听力理解在日常沟通和英语教学过程中起着重要的作用,听力具有短暂性、冗余性等特点,这些特点也使其成为高职英语学习中最难掌握的技能之一。只有当学生听力理解能力得到提高时,他们的表达能力和交际能力才会得到改善。听力理解分为自上而下和自下而上两种加工方式:自下而上指对语音信号的线性拼凑;而自上而下的处理则强调听者对于说话者想表达的话语含义的假设以及根据新信息对假设进行修正。在听力理解过程中,听者根据话语信息、语境和现有的知识背景来理解说话者的话语含义,同时也依靠听力技巧来辅助这一理解过程。听力理解并非仅是语言交际中对文本的纯语言解读过程,而是一个语用推理过程,学生尝试根据自己已有的知识经验和听力材料的语境来建构意义。多数高职英语教师在听力教学中将听力视为一个"被动"的技能,缺乏策略指导,过多关注学生抓取信息的能力,过度依赖于词汇、语法教学和语音训练,而忽略了语用推理能力的重要作用。语用推理是一个认知过程,即会话双方使用某些知识和策略,基于话语的字面意义,推导出话语与语境之间的关联性,从而提取隐藏的相关信息,基于语言和非语言线索理解说话者的话语含义。

二、高职英语听力教学理论依据

随着我国社会的进步,经济的发展,英语教学对学生听力的培养越来越重视。听力课程一直采取传统单一的课堂训练模式,主要以播放音频和讲解为主,学生只能依靠机械训练被动地接受课程,造成学生学习积极性不高,从而影响学习效果,听力课成为单纯的水平测试课,无法达到提高听力水平的目的。

听力理解被认知心理学家解读成一种复杂的认知心理过程,而图式理论属于认知范畴,后来有专家学者建立了图式听力理论。该理论认为背景知识在听力理解中起着极其重要的作用,听者头脑中的图式是解读听力理解的关键要素。国内关于图式理论在听力理解应用研究主要体现在三个方面:①图式理论和学习策略的相关性;②图式理论与听力水平的关系;③图式理论与听力教学理论研究。由此可见，在国内图式理论的研究大多集中在图式理论介绍及其与听力策略的相关性，很少讨论关于如何建立基于图式理论的英语听力教学模式。

图式听力理解的基础是"信息加工"模式，分为"从下到上信息加工"和"从上到下信息加工"两种模式。"从上到下的信息处理"模式是听者根据已拥有的经验知识去推测和提取含义的过程，而"从下到上的信息处理"模式是听者根据语言知识去解析形式的过程。不管是"自上而下的信息处理"，还是"自下而上的信息处理"，听者头脑中的具有图式都是理解语篇的重要因素，决定着能否成功理解语篇含义。图式可分为语言图式、内容图式和形式图式。语言图式主要是指语言学习者所掌握的有关语言的知识和运用语言的能力，主要包括词汇、语音和语法的基本知识；内容图式主要是指语言学习者具有语言材料的相关内容和相关的社会文化背景、语用和专业知识。内容模式涉及内容和主题，因此也称为主题模式；形式图式主要指学习者对语篇和修辞的认识以及对语篇体裁的理解，即学习者的语篇知识。

三、高职英语听力教学影响因素分析

在现阶段高职英语教育教学中，听力教学作为比较重要的一环，虽然确实引起了教师的高度关注，但是在实践执行中的落实效果却并不是特别理想。高职学生的英语听力水平也并没有得到明显提升，如何提高听力教学效果成为未来有待解决优化的重要问题。基于对高职英语听力教学效果不佳的具体影响因素进行分析，听力教学效果往往受到了学生本身以及教育教学模式等多方面因素的干扰，需要在未来寻求更为适宜合理的教学方法，针对现有听力教学模式予以革新转变，以此更好地提升高职学生英语听力水平。

高职英语教学作为比较重要的基本学科，受到了高职院校的高度关注，在课程安排以及考核机制中均占据重要地位。具体到高职英语教育教学过程来看，听力教学是不容忽视的重要组成部分，英语听力不仅仅是考试中分数占比较高的部分，同样也是培养高职学生英语学科素养和综合能力的关键环节，应该引起英语教师以及学生的高度关注。在现阶段高职英语教学中，虽然听力教学已经成为不容忽视的重要环节，教师同样也安排了相应的听力教学课时，重点围绕着高职学生英语听力能力进行了培养和考核，但是最终教学效果却并不是特别理想。当前高职学生的英语听力水平普遍不高，这也就表明高职英语听力教学并没有取得应有的效果，而且对于高职学生英语听力的培养作用不强，高职学生依然很难准确获取一些英语语音信息，更加无法对高职学生英语对话交流能力形成有效的支持。基于此，在未来高职英语教育教学中，依然需要将听力教学作为重要任务和亟待解决的关键问题，以便借助更为有效的教育教学方式，促使高职学生英语听力水平有所提升。

（一）学生层面的影响因素

当前高职英语听力教学之所以很难取得理想效果，是因为高职学生本身存在较多的阻碍和制约因素，这也就必然会影响到最终的教学效果。一方面，受到高职院校招生条件的限制，高职学生在英语基础方面往往都较为薄弱，很少有英语学习基础比较理想的学生，导致学生英语听力水平也相对都比较低，进而也就必然会对教育教学效果产生明显影响，导致英语教师教学难度加大，无法取得较为理想的教学效果。另一方面，高职学生带来的影响因素还表现在具体学习层面。因为高职学生在课堂教学过程中往往很难表现出较高的投入度，学习主动性欠缺，进而同样也会影响英语课堂教学效果，尤其是在听力教学方面，学生缺乏较高兴趣，学习过程中存在着较为明显的形式化现象，也就必然会导致英语听力教学形同虚设，难以取得良好的教学成效。

（二）教学内容不完善

高职英语听力教学之所以不能够取得理想成效，往往还和教学内容有关。因为现阶段高职英语听力教学内容相对较为单一，不能够较好地满足提升高职学生英语听力水平的要求。英语听力水平的提升往往表现出了多方面的要求，不仅仅需要学生掌握较多的英语词汇量，往往还需要尽可能多地掌握一些英语文化知识以及其他的相关知识点，如此才能够更好地辅助学生理解英语听力资料。但是，在现阶段高职英语听力教学中，教学内容往往存在较为明显的单一化问题，教师仅仅要求学生掌握英语词汇，没有能够向学生讲解英语相关的语言文化内容以及英语口语表达习惯等，也就必然会影响到高职英语听力教学效果，高职学生不仅仅难以在听力考试中取得理想成绩，还会影响其英语听力技能的培养，在未来英语口语交际和沟通中受到制约。

（三）教学方法滞后

高职英语听力教学问题还受到教学方法的影响。因为当前教师所用的英语听力教学方法滞后，没有能够围绕着新的教育教学要求进行创新改革，这必然会影响到其教学成效，对学生也无法形成较高的吸引力。当前很多高职英语听力教学中对于学生听力技能的培养和训练主要采取传统模式,先向学生讲解一些英语单词和句子,然后让学生自行理解和记忆,同时进行反复朗读,最后让学生在听录音的同时进行熟悉记忆。为了应对高职英语听力考试,同样也存在一些教师完全按照应试教育模式开展教学活动,让学生先观看听力考试内容,明确需要重点听的关键词,然后让学生在播放录音下反复听,直到寻找到关键词,找到问题答案为止。另外,还存在一些高职英语教师只是反复让学生听英语录音,希望学生能够形成习惯,这种方式虽然在应试方面具备一定成效,但是却很难提升学生的英语听力能力。由此可见,高职英语听力教学方法滞后同样也是影响听力及教学效果的重要因素,应该在未来寻求形式多样的教育教学手段,在提升学生学习主动性的基础上,取得更为理想的高职英语听力教学效果。

四、高职英语听力教学策略实践探索

(一)加强基础知识学习

对于高职英语听力教学优化改革而言,首先应该注重解决基础问题,要求促使学生掌握更多的基础知识,以此来更好提升其听力能力,避免受到基础知识的困扰。在基础知识教学中,教师首先应该关注学生单词量的积累,要求学生能够掌握更多的英语词汇,尤其是对于这些英语词汇的语音知识以及含义,更是需要准确认知,进而才能够在后续听到该词汇时,准确理解其应用含义,避免出现较为严重的错误理解问题。在基础知识的学习中,往往不存在较好的学习方法,教师除了可以向学生讲解一些有效的单词记忆技巧外,就需要促使学生能够多看多读,制定较为合理可行的单词记忆计划,要求学生能够每天记忆一些英语单词,如此也就可以通过不断积累,拥有更多的词汇量,解决词汇方面出现的负担。

(二)注重文化因素教学

高职英语听力教学中为了更好地提升教学效果,教师除了要关注基础英语知识的教学,往往还需要重点关注社会文化因素的教学,这也是辅助高职学生提升自身英语听力能力的重要手段。在社会文化因素方面的教学指导中,教师往往需要首先让学生了解西方文化和东方文化的差异,尤其是在表达习惯上,要求学生在充分对比的基础上,掌握两者主要的差异点,如此也就能促使学生更加了解英语表达方面的习惯,可以促使其在适应的基础上,有效听懂英语素材,最终取得理想的听力能力。为了完成学生社会文化知识教学任务,教师除了直接向学生阐述和讲解社会文化方面的差异外，往往还需要鼓励学生自行了解和认识英语知识，比如鼓励学生多看英语电影和电视，多听英语广播，进而也就可以不断积累和适应英语表达习惯，也可以积累一些英语社会文化信息，有助于提升自身听力水平。

（三）灵活运用多媒体手段

在高职英语听力教学革新优化中，多媒体手段的灵活运用同样也是重要手段。借助于当前更为先进灵活的多媒体设备，可以取得有别于以往听力训练模式成效，最终表现出更强的教学价值。比如，在以往高职英语听力训练中，往往教师就是让学生反复听录音素材，在放录音的过程中也难以形成良好调控，无法对学生进行及时有效的指导。但是在当前新型多媒体教学技术的应用下，教师不仅仅能够让学生听录音，还可以借助一些视频素材，让学生在听的同时还可以看，如此也就能够更进一步辅助其获取关键信息，然后再逐步去掉画面，让学生在纯粹听的背景下抓取关键信息，最终取得理想的听力训练效果。在整个训练过程中，教师都能够更为灵活地调控播放过程，对学生进行更为有效的训练和指导。

（四）培养自主学习习惯

绝大多数学生并没有养成很好的自主学习的习惯，造成这种现象的原因一个是自身的惰性，还有一个很重要的原因是学生对听力甚至对英语这门学科没兴趣。教师可以通过介绍一些西方的节日或者习俗，甚至准备一些学生感兴趣的题材的纪录片在听力课上播放，潜移默化地激发学生学习英语的热情和兴趣，能够对培养课后良好的自主学习习惯起到积极的作用。

教师在课中启发引导学生自由发表意见，并在讨论后进行总结。在讨论的过程中，学生可以进行辩论，也可以团结合作，互相纠正语音问题共同学习。课后，教师要求学生进行口语复述并录制视频上传学习通等学习软件作为作业提交。听是说的基础，说是听的提高，输入输出结合，听说能力相辅相成，互相促进、互为前提。

（五）推行移动学习模式

由于网络信息的普及和应用，传统的听力教学模式早已不再适用于当前高职英语课堂，落后的教学方式不能满足学生多样化的需求。而移动学习打破了时间和空间的限制，帮助学生获得更多的学习资源，再加之智能手机的价格逐渐降低，功能也越来越丰富，因此以智能手机为导向的移动学习模式成了当代高职学生练习听力的主要趋势。

首先，智能手机具有独立的操作系统，在一定程度上类似于"个人电脑"，拥有单独的运行空间，使用者可以根据自身爱好，自行安装第三方服务商所提供的手机程序，比如 App、导航、游戏等，除了必备的通讯功能之外，智能手机具有 CPU、储存介质、内存支持，同时还拥有 PDA 的功能，尤其是电子信息处理和邮件浏览与发送功能。随着信息技术的不断发展和提高，智能手机在硬件和软件方面都得到了完善与提高，在价格下沉的基础上功能却不断丰富，当前高职学生几乎每人手中一部智能手机，通过联网操作，学生可以用其学习、工作、娱乐。可以说智能手机已经深入到高职学生生活的方方面面，并且在高职中的使用率和拥有率较高，为高职学英语听力移动化教学奠定了基础。

其次，由于智能手机具有单独的运行空间和操作系统，学生可以根据自身学习进度随时安装软件应用，比如微信、微博、QQ 等，还可以下载英语流利说、扇贝听力、朗易思、BBC 英语听力等 App，针对自己的听力缺陷，更加有针对性地练习听说能力。在传统的听力教学中，老师能够提供的听力资料有限，大部分是录音、多媒体播放器等，虽然多媒体教学设备可以帮助老师完成听力播放任务，但是听力材料的内容仍然是课本知识，课后练习和相关辅导教材的听力资料占据大多数，学生很难有其他的听力材料。而每一个英语听力 App 中都有自己教学重点和教学特色，其中蕴含着海量化的听力素材，可以满足各个基础、各种水平的学生学习需求，老师可以将其作为课堂英语听力教学辅助，有利于扩充学生知识面，提高其听力成绩。

最后，在当前高职英语听力教学过程中，出现了各种各样的问题。首先，英语老师的授课方式落后，很多老师在听力授课过程中仍然局限于课本，教学内容和教学形式一成不变，枯燥乏味的理论知识和单一化的练习模式让学生逐渐失去了学习兴趣，课堂氛围不够活跃。其次，很多老师对于听力教学不够重视，高职期间很多学生都参加了英语四级和六级的考试，听力部分在考试成绩中的占比较高，因此老师和学生对于英语听力越来越看重，但是实际情况是，老师重视听力成绩，但是忽视了听力教学，很多教师的听力教学方法错误，出现听力训练时间短、课程安排不紧密、听力内容陈旧等问题，学生的有效输入量不高，训练标准不够，严重影响听力教学效率。如果能将移动学习与听力教学相融合，通过情景塑造、实时对话、交流演练，可以大大提高听力教学质量。

1. 利用网络微课，实施听力教学

要想将移动学习融入高职英语听力教学中，首先要充分发挥微课的最大效能。微课实质上是一种教学视频课件，以互联网信息技术为基础，将碎片化、零散化的知识点呈现出来，教师可以通过微课进行课堂导入，将相关的文化背景知识、词汇语音听读和听力技巧融入微课视频中。比如在正式上课时，将听力教学分为知识类和技巧类两个部分，在知识类听力教学中，老师适当引入西方文化背景，比如在传统文化的学习模块中，教师利用微课，用图片+语音的模式将西方的节日和传统习俗播放出来，让学生们根据一小段对话来猜测双方讨论的是什么节日，我们与西方国家的文化差异是什么，每段视频保证在3分钟以内，通过这样的方式吸引学生兴趣。或者在正式上课中传授听力测试策略和技巧，比如 How to take notes？ How to catch the signal words for listing？让学生有效掌握单词、语句的重读、连读和弱读，从而拓展听力知识。

2. 利用微信，建立公众平台听力模式

微信在2011年就已经投入市场，在2012年正式推出订阅服务。使用者可以通过订购、关注公众号，就可以实时接收平台推送的消息。英语教师可以利用互联网信息便利，根据学生的学习基础和教师的授课进度，自行创办英语听力公众号，通过音频、视频、动画等形式，提供相应的听力素材，学生可以根据自己的喜好自行下载，还可以将学习到的知识和获得的学习资源与他人共享。如果英语教师自身能力有限，不能自己创办公众号，可以直接将当前优秀的听力练习公众号推荐给学生，比如 Daily English 4U、口袋英语、英语趣配音、21世纪报、网易 TED 等，要求学生根据自身特点，选择其中一个或两个进行日常听力练习。通过这种方式可以有效地摆脱传统听力教学模式中的困境，丰富听力教学材料，提供给学生大量的英语听说资源，从而激发学生学习兴趣，促进学生自主学习。

3. 利用手机 App，强化课后练习

随着网络的不断普及和发展，市场上逐渐出现了大量的英语听力练习，比如多说英语、每日英语、四级考霸、VOA 慢速、英语流利说等，这些优质的英语听力软件，提供了大量的听力学习和听力练习素材，满足学生移动学习的需求，让学生实现随时随地学英语，让学生将"课堂"带在身边，通过学习进度来调整听力计划。其次，教师还可以将有趣形象的 App，比如朗易思听力、电影神灯等推荐给学生，实现寓教于乐的效果，还可以推荐具有查询功能韦氏词典、金山词霸等 App，提高学生听力词汇储备量，也可以提供综合性听力学习软件，比如 China Daily、可可英语等，既能拓宽英语学习渠道，又能提升学习兴趣，有效提高了高职学生英语听力技巧，从而提升英语总成绩。

综上所述，在现阶段高职英语听力教学中，虽然其确实是比较关键的组成部分，但是教育教学效果却并不是特别理想，受到了较多因素的制约和影响，比如授课模式落后、学生学习兴趣不强等。这也就需要教师在未来逐步做好革新优化工作，灵活运用多种教育教学手段，不断提升教学水平。随着互联网信息技术的不断提升，英语教师应该将移动学习融入听力教学中，利用网络微课，将听力知识作为课程引入，利用微信，建立公众平台听力模式，利用手机，强化课后练习。通过多样化的听力教学资源，满足学生不同的学习需求，从而提升英语听力能力。

五、高职英语听力教学设计探索

基于图式理论在高职英语听力教学中的新模式实验班采用了基于图式理论的高职英语听力教学新模式。具体方法是将听力教学分为三个阶段：听前阶段、听中阶段和听后阶段。

（一）听前阶段

听前阶段采用补充内容法和激活图式法来丰富和激活内容图式：通过"故事语法"的语义记忆法，引导学生丰富语言图式，丰富学生的形式图式。

在听前阶段，教师有意识地为学生建立图式：①语言图式方面，增加语音技巧；②内容图式方面，增加关于国内外文化知识的阅读素材；③形式图式方面，增加新闻和讲座的词汇以及技巧。学生在老师的引导下，建立丰富的图式，充分调动学生学习的积极性，既参与到课堂，又强化了口语练习。

（二）听中阶段

听中阶段针对不同的主题采用不同的听力活动，目的是引导学生采用不同的理解模式："从上到下的信息处理"模式用于理解提供主题的文章；"从上到下的信息处理"和"从下到上的信息处理"交互模式用于理解没有提供主题的文章。

在听的过程中，学生利用已构建的背景图式，在老师的引导下运用不同的信息处理模式来分析、处理所获取的新信息。前期充足的语言、内容、形式图式的储备，学生能够积极、有效地运用两种模式。模式不再是学生脑海中的理论知识，而是成为信息的输出工具。不仅运用加工模式，同时还强化语言、内容形式三方面图式，在语言方面让学生使用听前阶段语音图式的知识，使学生有学习收获；在新图式解码过程中也积累了更多的内容图式，学生的知识面大幅度扩大。在听力训练中学生会接触到不同的题材，如诗歌、演讲、讲座等，拓展了形式图式。

(三）听后阶段

听后阶段引导学生对听力前和听力中阶段的学习进行思考和总结。在教学的初期，尽量鼓励学生分组学习，随着听力学习的深入，对学生提出的问题逐渐增加，问题由简单的话题内容转向涉及听力理解、听力策略和图式知识，鼓励学生将听力练习中积累的各种图式运用到听力教学中，帮助学生收集和整理与主题相关的图式，丰富图式知识。

在听后阶段，老师让学生养成很好的听力习惯，学生需要总结在听前和听中阶段的收获并改进听力技巧。当学生构建一定的图式概念后就加入相应的听力策略和图式内容，让学生在理论知识的指导下，有目的、自觉地运用图式理论指导听力学习。在完成听力训练后可以适当加入口语练习、写作练习，如复述、列提纲、做思维导图等，为强化图式、巩固图式，为了下一次更好地激活图式做好充分的准备。

第四节　高职英语口语教学实践

一、高职英语口语教学理论

随着时代的迅速变迁，英语逐渐发展为世界上使用频率最高的语言之一。而中国作为世界上最大的发展中国家，已经日益靠近世界舞台中央，因而掌握英语口语对于我们了解外国文化，发出中国声音来说极为重要。寻找适合高职学生较快掌握英语口语的方法，将理论方法运用于高职英语口语课堂的教学中，可以切实提高高职学生英语口语水平。

（一）差异化教学理论

随着经济全球化的不断发展，英语作为一门通用语言对我们国家社会生活的影响越来越大，这就对我们原有的英语教学体系产生了较大的冲击。英语学习的问题不再只是用来应对中考、高考、四六级等，如何真正掌握英语成为现阶段高职教学必须迅速解决的问题。英语听说能力的提高不仅能够使学生在工作生活中与外国人正常有效的交流，而且对于自身文化修养的提高也具有积极作用。现今，虽然课程改革不断优化，但实际上，高职英语课堂教学还是存在"一刀切"的现象，教学模式较为单一，教学活动主要还是采取老师讲学生听的模式，课堂上学生能够表达的机会较少,他们虽然学到了知识,但却不加以锻炼,英语口语水平自然无法提高。更有甚者,由于教学方法的"一刀切",使部分学生产生厌学心理,导致实际教学效果差异太大。

我国的差异化教学理论主要来自孔子"因材施教"的教学模式。差异化教学在注重学生个体差异的基础上,采取多元的教学方式。差异化教学指的是在教学的过程中,立足学生的不同个性进行差异化教学,使其在原有的知识基础上能够得到长足进步。

根据调查可知,高职英语的教学大部分还是采取"一刀切"的教学方式,口语教学更是如此。高职英语教学过程中,老师不关注学生差异、只顾进行教学活动的现象普遍存在,但实际上英语口语的学习,除了要掌握知识点之外还要张嘴说,学生只有敢于表达,老师才能发现问题,但学生除了在英语课上进行口语的练习之外,生活中可以练习的机会较少。这就要求老师在课上给予学生一定的指导,只学知识、只做题的英语教学模式已经不适用当前的社会发展以及国际环境了。老师应该合理安排英语课时,提高英语口语的地位,增加学生学习英语口语的时间。同时,高职老师还要重视差异化教学的模式,尊重个体的差异性,根据不同的学生采取不同的教学方法和评价标准,让学生在学习英语口语的过程中产生足够的兴趣,从而更好地学习英语口语。

(二)确定"最近发展区"

"最近发展区"这一名词取自支架式方法中的基础理论,也就是说,老师在进行教学活动的过程中需要在教学的每一个环节都进行较为详细的分析,对学生的英语口语学习进行观察与调研,便于确定学生的真实口语水平,同时老师要掌握全班同学的共性与个性,在此基础上找到适合学生的、与之口语水平相对应的教学方式。确定学生口语学习的"最近发展区"主要需要经历两个阶段:建立档案与信息采集。这两个阶段是建立在问卷调查的基础上的,通过建档来设置考查学生口语能力的各个不同的指标,并换算成不同的分数,之后将统计的信息进行归档整理,这样就可以形成可信度较高、较为系统的学生口语水平统计,得到的结果就是学生英语口语的"最近发展区"。

第一个阶段:建立档案。档案的设置包括主观题和客观题两部分。主观题包括兴趣爱好、自我评价、学习态度、教学评价四个部分。客观题主要是口语水平的检测,包括朗诵已知文章段落和自命题两分钟口语表达。评分机制分为四个档次:优(20~16分)、良(15~11分)、中(10~6分)、差(5分以下)。教师根据实际情况进行评分，算出最终结果后，将学生分别归类，对于不同基础的学生制定不同的教学计划，定期测，便于对教学方法进行检验与调整。

第二个阶段：信息采集。信息采集主要作用是对确立学生口语的"最近发展区"、制定差异化的教学方法之后，进行阶段性成果的验收，以帮助教师调整教学计划。比如两周进行一次课堂小测，评测内容与建立档案中的内容相适应，学生的口语能力不仅反映其对词汇及语法的掌握，同时还能反映出学生的表达能力。实际上，信息采集的过程也是教师根据学生的实际成长不断调整教学方式的过程。因此可见，学生的"最近发展区"实际上是动态的，并不是一成不变的，学生的学习本就是动态发展的过程，教师要根据阶段性成果不断调整教学方法，以达到差异化教学的目的。

二、高职英语口语教学中存在的问题

教师在高职英语口语课堂中偏重课本的内容计划，未充分重视学生英语综合应用能力的培养，学生受到高职英语水平考核要求影响，更关注阅读、听力、写作等能力，忽视英语口语学习的需求。英语考级需求促使大部分学生更重视英语基础知识的巩固和理解，对英语学习其他方面的投入不足，英语综合应用能力有待提升。不少高职院校要求教师加强培养学生英语口语能力，要求教师转换教学的方法和态度，鼓励学生积极寻找英语口语学习的方法。以下指出高职英语口语教学存在的问题，分析高职英语口语教学效率低下的原因。

（一）教师层面

1. 教学活动单一

英语课堂口语教学活动具有比较单一的形式。通过调查了解到，教师对于口语教学重视程度不足。目前，教师在英语课堂上，多数是为了完成任务。而高职学生普遍具有较差的英语基础，对英语学习兴趣不高，使教师不能顺利实施设计的教学环节。教师面对这种情况束手无策，无法完成教学计划，也不能对教学质量提供保障。同时由于期末考试都是笔试卷，所以教师将教学的重心放在知识点的讲解上。由于和学生之间存在较少的沟通，使学生觉得课堂学习索然寡味，所以在课堂上普遍存在着睡觉、交头接耳和玩手机的现象。由此更加凸显了中国式英语教学产生的弊端。面对这种现状，亟待教师采用新型的英语教学方式，以真正提高学生英语口语能力。

2. 不重视学生需求

高职的英语口语课堂中，学生与教师互动的频率不高，较少主动回应教师提出的课堂问题，口语课堂氛围沉闷，部分教师在课堂中缺乏引导学生主动了解课文内容的方法，学生的课堂主动性低，导致口语课堂学生活跃度逐步降低。高职的英语口语很少安排合适的网络课堂资源，部分教师不重视网络课程，口语课堂形式相对单一。英语口语课堂教学缺乏与学生互动的环节，口语练习目的不太清晰，教师不能及时关注到每一位学生的英语学习状态。不同教师的口语教学侧重点有所不同，但教师的教学模式大致相同，学生在课堂中与教师的互动取决于学生的口语自信。教师主导课堂的现象表明口语课堂没有充分重视学生的课堂参与，引导学生口语表达的环节比较少。高职院校在课外活动中重视学生英语表达，组织英语能力检测、选拔活动，如"英语带货大赛"或者组织英语口语交流活动——"英语角"，学生在英语角根据每周的主题以英语表达看法，但大部分学生不了解"英语角"活动，也没有兴趣参与这样的活动或者比赛。

（二）学生层面

1. 认知存在误区

学生对于英语学科存在认识上的误区。很多高职学生存在自卑心理，课堂上不敢大胆发言，担心回答错误会被教师批评，同时又担心因为发音不准确或者理解上存在偏差而被同学们嘲笑。还有一些学生认为，学英语价值不大。华人遍布国外，所以不懂英语也能够交流。即便是和外国人交流，通过肢体语言也能扫除语言上的障碍。若要使学生的这种认知在短时间内改变，往往存在一定的难度。而长此以往，则会导致学生有着越来越差的英语口语水平。

2. 缺乏学习方法

高职学生已经经历了由小学到高中的英语学习阶段，长期的英语单向输入学习使学生不确定自己的英语输出水平，教师要求学生在英语学习时积累大量单词、句型和语法，缺乏指导学生应用基础知识的方法，以英语试卷作为学生英语学习的单一输出渠道，导致部分具有良好英语基础的学生在高职口语课堂中出现语法应用不正确或者口语表达不流畅的问题，还有一部分学生的英语基础差，较少参与口语互动。部分学生不抗拒口语学习，但在实际口语应用中缺乏动力，对口语表达自信不足，需要教师和学生给予正确的课堂鼓励。由此可知，大部分学生缺乏适合自身的英语口语学习方法，很多学生因其不标准的口音或者错误的单词读音影响了表达欲望。如果学生不具备专业学习口语的资源，没有合适的口语输出环境，没有掌握正确学习方法，过于重视单词积累，缺乏对英语句型、文章的了解，导致口语课堂学习存在太多问题，导致学生的英语口语能力培养没有合适的条件。部分学生可能会有英语口语的表达需求，但没有合适的口语交流环境，未能有效加强学生英语口语表达的欲望。学生在课堂中跟随教师讨论口语话题的程度不足以培养学生的口语表达意识。部分学生未能正视口语表达与英语综合能力提升的重要性，不具备重视英语水平提高的意识，没有正确认识英语口语能力提高的目的，所以在口语课堂中缺乏开口说英语的勇气。学生在英语口语学习时容易受到自身态度影响，在英语口语课堂受到教师的课堂教学影响，教师主导课堂的形式让学生在课堂中缺乏口语表达需要，对学生的英语学习自信产生影响。因此学生个人的学习方法和态度没有得到纠正和引导，造成学生英语口语能力提升困难。

三、高职英语口语教学方法实践探索

（一）情境创设法

情境创设是以直观方式再现书本知识所表征的实际事物或者实际事物的相关背景。显然，教学情境解决的是学生认识过程中的形象与抽象、实际与理论、感性与理性，以及旧知识与新知识之间的关系和矛盾。情境创设与社会情境相结合，可以发挥语言表达情意的功能，打破了传统语言教学中相对生硬的方法。融入情境后会对语言使用的社会情境有更加全面的认知，从而帮助学生形成系统、感性的认识。

1. 注重互动交流

注重学生之间的互动交流，是情境创设的教学优势之一。情境创设更加强调营造出学生熟悉的生活情境，将相对刻板的语言融入生活，提升口语练习效果。因此，教师要创设学生之间可以互动交流的情境，这样既有利于学生之间的沟通，彼此熟悉对方的口语交际逻辑，又能在交流的过程中，让学生学习到的英语口语得到应用。部分高职教材每个单元都有单独设置的具体会话，也正是因为这一特点，教师可以要求学生模仿特定情境下的交际环境，调动学生的学习积极性，培养学生互动配合的能力。

2. 营造趣味场景

趣味场景往往与学生的日常生活相关。因此，教师可以采用体态语言来实现语言情境的趣味化。教师不仅可以根据英语教学内容营造合适的情境，调动学生

的感官，使其充分投入到学习中，在轻松愉悦的氛围中掌握语言知识点，还可以根据学生的性格、年龄、学习、能力等多方面内容进行差异性教学，达到情境教学的目的。

3. 利用多媒体设备

充分利用多媒体技术，可以转变传统高职英语口语教学中以教材为主要授课资源的模式，为学生的口语学习呈现出多元化的教学方式，使教师创设的情境更加生动、形象、逼真，也为语言环境提供了有利的条件。在授课时，教师可以从互联网下载相关音频动画和视频动漫等多种内容，以图文并茂的形式刺激学生的感官，直观地将口语交际的内容和情境呈现在学生面前，帮助学生在大脑中构思情境，也更有利于彼此之间的沟通交流。教学实践证明，在英语口语教学中，应用多媒体设备丰富教学资源，可以使相对刻板的口语教学内容更加生活化，从而有效刺激学生的口语表达。

总而言之，情境创设是高职英语口语教学中的重要教学方式之一，对于营造真实有趣的氛围、调动学生的学习积极性、构建多元化教学体系等方面有着重要的作用。学生在良好的语言情境中会不断提升语言交际能力，让教材上一些口语会话真正在生活中为学生所用。

（二）互动式教学法

高职英语课程是一门基础课程，学习这门课程的学生的专业不受局限，因此需要教师针对各个不同专业的学生所熟悉的材料进行合理的设计，才能达到教学水平合理发挥的效果。在教学内容的设计上，需要教师在合理安排教学和互动时间的前提下，利用不同的情境设计生动有趣的互动内容，使学生能够自主进入到互动模式中，从而提高自身的口语表达水平。针对不同专业的不同学生，教师应根据不同的专业背景设计互动教学的内容，选择学生对互动中的情景和内容熟悉的材料是非常关键的。

互动教学的目的能否实现以及教学效果发挥如何与教学内容的实施密不可分。下面以几种设计内容为例分别介绍如何实施互动式教学。

1. 模拟面试场景互动设计

在这一教学内容的实施中，教师和学生双方分别需要扮演不同的角色。教师为"面试官"，学生为"面试者"。在掌握了课堂上学习的面试中常会出现的表达方法的前提下，学生掌握了面试相关问题的回答方法和技巧，这样有利于在互动交流中发挥自己的应变才能，巧妙回答"面试官"提问。同时，教师作为"面试官"

在这一模拟场景中，需要和"面试者"——学生进行有效的互动，提出一系列与面试相关的问题，例如：What do you think this position involves？ Why do you want to do this job？ What do you think is the most important thing in this job？而学生需要和教师进行面对面的互动交流，在这一教学内容的实施中，学生不仅需要提前准备各种和面试相关的材料，同时在具体的实施中能和教师进行英语口语沟通和学习，师生通过提问和回答的互动式交流，从而大大提高自己的口语水平。

2. 描述单词游戏互动设计

单词是英语学习的基础，也是学生最容易掌握的学习内容。如果把最简单的单词融入英语口语课堂，对学生而言，既简单又容易实施。在这一互动教学内容的实施中，要求教师给被提问的学生一些单词，让学生针对这一具体单词的特性进行描述，让其他学生按照此同学的描述进行猜测。比如描述单词"Australia"，被提问的学生需要针对这一单词的特点进行描述，抓住其独一无二的特点进行描述，例如"It is the largest country in the southern hemisphere. Its season is just opposite to that of China. Koalas and kangaroos are very famous in this country."如此细致的描述后，其他学生很容易猜到单词"Australia"。这样的互动方式需要师生之间、生生之间共同配合，不仅有趣，而且也提高了学生口语表达的愿望，乐意参与到互动课堂中进行口语表达的练习。

3. 电影情节模仿互动设计

欧美电影一直受到高职学生的喜爱，因此把电影融入英语口语课堂势必提高学生的学习兴趣。在英语口语课堂上，教师可以选择一些欧美大片的经典片段分享给学生。教师先针对大家熟悉的电影和学生进行互动交流，然后通过视频展示给学生经典片段，再请学生模仿电影情节进行互动活动。在这一互动教学内容的实施中，需要教师精心搜索简单易学的经典片段，适合学生在短时间内记住台词和一些肢体动作，这样学生可以更有信心地投入到互动环节中，并且通过和其他同学的合作提高自己的英语口语水平。

4. 话题辩论互动设计

英语辩论是提高学生口语行之有效的方法之一，它需要学生提前针对某一话题查找并收集众多的相关资料，在课堂上进行观点的阐述和对对方观点的反驳。因此，这一教学内容的实施中，教师先要提出论题，例如："Environmental protection should be people-oriented"和"Environmental protection should be based on nature."两大争议性较强的话题。针对具有争议性的论题，学生在课堂上和教师进行沟通交流，并选出自己所同意的观点进行资料的整理和筛选。在具体的课堂实施中，学生分成正反两个小组，教师作为评判者对双方论点的阐述进行评判，最终选出获胜方。这样的教学互动方式，鼓励学生做好充分的准备工作，才能在课堂上流畅地阐述我方的观点，有利于发挥学生的学习主动性。同时，充分的准备使得学生的口语表达用词准确，逻辑清晰，从而使学生的口语水平更进一步。

（三）活动教学法

随着不断加快的经济全球化步伐，国与国之间也有着越来越频繁的交流与合作。在人们日常的工作和学习中，更加凸显了英语的作用。我国虽然在小学阶段就开始学习英语，但在教学过程中，更侧重于对学生答题技巧、语法知识和应试能力的培养，而忽视对学生口语能力和听力能力的培养，导致学生普遍具有较差的听力和口语能力。教学实践证实，活动教学法遵循"以学生为本"的教学思想，鼓励教师在教学过程中，通过各种灵活多样的方法和手段的运用，将学生学习兴趣充分激发出来，通过营造良好的英语学习氛围，提高学生英语学习的实践能力和主动性。

1. 口头报告教学法

通过与单元话题相关的英语知识的搜集和整理，将学生学习英语的兴趣激发出来，是口头报告教学法的教学目标。口头报告教学法依据学生人数的顺序，结合老师事先安排的题目，对与主题相关的一些绕口令、歌曲、诗词、名言警句等内容进行搜集。每节课第一部分就是让学生做口头报告，控制2—3分钟的报告时间。在学生提高一定口语能力的基础上，再延长至5分钟左右。教师可深入发掘学生感兴趣的话题，并与当下热点话题相结合，将各种主题活动提前为学生安排，然后要求学生对主题内容用英语进行陈述。通常不限定口头报告的形式，学生可与自身的偏好和实际情况相结合来自主选择。为了激发学生学习的动力，教师可将每个学生做完报告后给出成绩作为平时成绩，并向学生提前告知，使学生课前准备工作更加充分。

2. 采访教学法

采访教学法强调合作与配合，主要是通过采访这一行为方式的模拟，采用你问我答的方式，将学生学习英语的兴趣激发出来。采访教学法在启发学生沟通和交流的同时，还能使学生的听力水平得到锻炼。学生在采访过程中，和同伴之间要有眼神交流。作为一种比较理想的练习英语交流的方式，通过营造宽广的语言背景，对学生英语逻辑思维能力进行培养。教师在该方法的运用过程中，先要结合班级学生人数，分为采访组和受访组。采访时间一般为3—5分钟，由老师根据实际情况决定采访内容，采访话题应简单有趣，与高职学生相适合。教师在准备阶段，对于一些重点语句、密切关联采访话题的背景材料和常用句型等，应给学生做出相关指导。在首次活动中，还可安排班级里口语能力表达强的学生与教师进行采访示范，再由另外一名学生辅助，最后由学生和搭档共同完成采访过程。教师在结束采访活动后，应及时给出反馈和整改意见。

3. 英语角活动法

英语教学的一个重要目的是培养学生的思维思考能力，促进学生形成良好的思维品质，所以老师在课堂上就要积极发挥引导作用。学生在学习和思考的过程中往往会遇到困难或者疑惑，老师不光要帮助学生解决这些问题，更要培养学生解决问题的能力。在遇到困难时，不要光靠老师解决，更重要的是通过学生的思考来解决。知识之间存在着千条万缕的联系，老师要运用自身的知识储备让学生在学习过程中广泛接触各个方面的知识，将各个方面的知识迁移到教学中来，创设创新课堂情境，锻炼学生的思维能力，增加学生的知识储备。让学生在特定的语言情境中，表达自己对特定话题的观点，是英语角活动的初衷。教学实践证实，英语角是解决中国学生英语口语问题的最行之有效的方式。该活动也是采用分组的方式，每组有几个人组成，限定小组讨论时间是在 3—5 分钟内。英语角活动法并没有限制对学生谈论的话题，在起初阶段，学生可自主选择一个自己感兴趣的话题。由组员事先做好准备工作，并在课堂上讨论自己所选择的话题。在一定程度上提高口语表达能力之后，由教师与现场实际情况相结合，指定话题安排学生讨论。

4. 灵活训练法

英语教学要摆脱传统应试教育模式，学习英语的目的不仅仅只是为了在试卷上留下一个好的分数，更重要的是培养学生学习一门语言的能力和思维品质。所以让学生在生活中使用英语，提升英语学习的实用性，培养学生在现实生活中运用英语交流的能力。老师要告诉学生，在实际运用英语的过程中，不要拘泥于课本上的知识，要学会灵活运用，开动自己的大脑，学会在不同的环境情景下变换使用英语。老师为了培养学生这一能力，要积极采用丰富的有趣训练，不能单靠课本课后练习题或者考试的方式培养学生的学习能力，这样的方式也很难达到提升学生英语口语水平和思维品质的目的。

（四）分层教学法

学生"最近发展区"的确定最好从学生入学开始，便于教师掌握学生的基本信息及基础情况，同时便于教学活动的进行。确定学生的"最近发展区"是进行教学任务的第一步，教师明确了每个人的实际情况之后，设计教学目标和教学方式。在差异化教学理论的视域下，结合学生的"最近发展区"进行分层教学，主要包括三方面：备课——学生兴趣培养，课堂教学，课后辅导及作业等。

首先，备课方面。教师在进行备课的时候不仅要准备每堂课所讲的内容，更重要的是提前准备好每堂课要怎么上。同时，在备课的过程中，开展一些可以激发学生兴趣的小活动。教师应该将每节课的教学内容与上课的小活动结合起来，比如跟读纪录片，或者给学生一个主题，介绍一个旅游景点，让学生提前搜集资料，将学生感兴趣的活动与英语课堂结合起来达到事半功倍的效果。老师备课时也应该准备一些相关主题的口语内容，方便和学生交流。

其次，课堂教学。在课堂教学中我们如何实现差异化教学呢？老师要根据之前的调查结果充分把握学生的基本情况，在此基础上进行差异化教学。比如有的学生喜欢看英语视频，有的同学喜欢听英语音乐，有的喜欢采取看书的方式学习英语等。老师可以布置同一个主题的讨论，学生可以采取自己喜欢的方式对同一个主题进行课上讨论交流，老师同样要参与进来和大家一起讨论，讨论要分段进行，每位同学发言后老师要对其发音以及语法进行纠正。对于英语基础水平本身就不是很好的同学，老师要引导其选择适合自己水平的口语内容。讨论的同时老师要对学生的表现记录在册。

最后，课后辅导及作业。现今网络信息十分发达，教师的教学活动不应该仅仅局限于课堂。教学活动结束后，老师在布置课后作业时也应该讲究一定的技巧，进行分层级、分水平布置作业及课后辅导。例如，对口语表达较好的同学，老师可以布置一个主题的口语表达，学生准备好之后要以拍视频的方式发给老师，可以两到三天练习一次；而对于基础较差的同学，可以采取朗诵课文的方式慢慢训练其口语，可以从纠正其发音开始。作业检查之后，老师要针对每个学生的问题进行课后反馈。

对于学生来说，正向的教学反馈是教学活动必不可少的一个环节。反馈不只是对学生学习成果的一个评价，还是学生的实际水平的直接反映，除了评价更多的是给学生肯定和支持，同时让学生对自己实际情况有清醒的认识，培养其信心。对于学习成绩较好的学生来说，教师要根据实际情况设置特定的能帮助学生更进一步的教学计划，因为这类学生学习能力较强，所以可以给他们更多自主学习的机会；对处于中下层的学生来说，老师要保持细心和耐心，通过调研了解学生的实际水平之后，要针对他们的学习情况给予配套的教学方案，在上课过程中老师要给予他们正向的评价。为人师表最忌讳的就是拿学生相互比较，这不仅会打击学生的自信心，还会使学生产生嫉妒心理，会对学生的心理健康造成不利影响。但是比较还是要比的，这就要求老师要将该生的学习情况记录下来，方便学生个人私下比较，有利于形成正向的激励作用，激发学生的学习动力。

第五节　高职英语阅读教学实践

一、高职英语阅读教学中存在的问题

核心素养是当前教育强调的重点内容。所谓核心素养，就是指一个人在社会生活中所具备的核心竞争力以及赖以生存的关键能力。使学生能够在社会生活中获得必备的相关品格和能力，能够符合社会的发展并且终身拥有。在核心素养的要求下，教师的使命是帮助培养积极健康向上的全面发展的学生，以及能够赋予学生终身学习的能力，这一点在英语学科也不例外。

语言综合能力、思维表达品质、文化传承意识、学习创新能力和各种情感表达态度，这些都是核心能力素养的基本知识内涵，目的都应该是主要在于充分培养学生的语言综合能力，这五个关键方面应该能够有机的相互结合运用起来，发挥和突出整体最大的带动作用。比如，学习思维能力强、情感表达态度端正，能够有效促进学生语言表达能力的不断提高和学生思维表达品质的不断提升。反过来，语言表达能力、思维表达品质和文化传承意识这三者如果结合运用起来，也同样可以有效促进学生语言学习思维能力和学生情感表达态度的不断优化。高职学生的英语综合阅读教育要如何紧密结合学生核心阅读素养的提高要求，全面深入培养高职学生的英语综合阅读素质，这自然是一个学校无法不容忽视的重要环节。

（一）教学手段单一

在课堂学习的过程中，教师更加注重教学手段。教学手段单一，缺乏与学生的互动，容易出现老师唱独角戏的状况，而学生自学能力没有得到适当的锻炼。学生自主获得知识的途径被阻塞，很难在学习中获得愉悦的体验，学生学习注意力不集中，教学效果不明显。

（二）英语阅读体验欠缺

在语言文本包含信息的深层次和含义分析方面，如果不及时发掘，分析推理能力明显不足，学生非常容易害怕学习阅读中的英语。教师在新的英语课堂上有效地针对性的不断培养和锻炼学生英语的自主创新能力和逻辑思维能力，这是英语老师的重要职责。在我国英语教学发展过程中，培养引导学生主动参与阅读的学习意识尤其重要。老师也应该尽可能地在学校阅读教学的建设过程中，通过优化课程设计，激发高职学生的广泛阅读教学兴趣和调动阅读教学积极性。让学生的阅读欲望保持在一个较为充沛的状态。长此以往，在多次的阅读教学训练下，学生最终能够培养成为英语阅读的好习惯。以有效的教学方式不断提高学生阅读表达能力。

1. 学生缺乏英语学习动力

在我国传统应试教育的影响之下，目前的教学模式也逐渐发生了改变，在学生进行义务阶段的学习的时候就开始承受着中考升学的压力，老师和家长希望学生能够进最好的高中，进入他们理想中的学校，就会把学生的时间进行紧密的安排，学生会进行大量的习题训练，而被安排的那段时间恰恰是学生学习英语最好的时间也是英语水平最高的一段时间。

从学生考进高职得到放松的一段时间之后，学生就会对英语学习产生了抵抗情绪，认为他们可以不用学习英语了，没有了压力也没有了动力。所以，学生在进行英语学习时也不会对自己进行严格要求，在进行考试的时候拿到及格分就满意了，现在这样的思想在高职学生中普遍存在，这就使得学生对于英语的学习越来越不感兴趣，没有学习的积极性，没有学习的动力，英语的成绩也就逐渐呈现直线下降的趋势。

另外，高职英语教学长期沿用传统教学模式，教师满堂讲解灌输，属于知识输入式教育，随着教育形势的不断发展，这种灌输式教学的弊端越来越显现出来，学生长期处于被听讲的消极学习状态，没有发挥自身学习主动性的机会，大部分英语教师在英语教学中只是站在中文的角度去分析英语文学作品，只注重对词句的分析、语法的解析及翻译的技巧等方面，对于文化背景、写作创新技巧、布局谋篇、遣词造句等方面缺乏重视，课堂教学缺乏英美文化体验的氛围，学生学习兴趣很难得到激发，学生认为学习英语文学与自身专业和考试无关，对未来工作不会发挥重要作用，不会提高自身文学修养，也不会对整体英语学习起到任何作用。

2. 教师对英美文学阅读缺乏重视

部分教师没有认识到英美文学阅读的重要作用，认为英美文学语言艰深难懂，并且陌生词汇太多，不像现代生活中使用的语言简单易懂、应用广泛，因而部分高职英语课堂拒绝讲授英美文学，存在着轻文学重科学、轻素质重实用的教学倾向。实际上，文学属于艺术语言范畴，文学语言不但与大众使用的语言具有相同性，而且是对艺术语言的灵活运用，在文学语言的学习中，学生可以更好地接受文学语言的输入。实际上，文学语言是文学家对本民族语言进行反复提炼的结果，具有非常强的表现力与感染力，是来源于大众的一种艺术语言形式。所以，文学语言更能给学生以丰富的语言体验，给学生提供了多样化的语言资源，文学语言体现了生活的各种情景、人物的各种表现、社会文化的各个层面的情态，文学是语言的延伸，是理想的语言输入，教师要加强对英语文学的认识。

（三）师生观念存在错误

首先，从教师的角度上来说。一方面，受到传统英语教学理念的制约，教师在开展阅读教学的过程中，教学侧重点存在明显的差异性。具体来说，基于阅读在高职英语考试中所占据的分值和比例，教师依然将"基础知识、阅读技巧"放在教学首要位置，针对阅读理解试题进行强化练习。由于阅读教学侧重点出现的偏移现象，致使阅读教学效果不佳，难以真正实现阅读教学的育人价值。另一方面，教师常常忽视学生的主体地位，一味地开展课堂讲解，结合阅读材料，讲解其中的词汇、语法、句子、分析文章结构等，在此基础上带领学生对文章进行翻译。这种阅读教学模式非常单调，忽视了语言的特点，缺乏师生互动，阅读教学呆板而低效，严重制约了学生主动阅读能力的发展和提升。

其次，从学生的角度来说。一方面，学生对英语阅读教学的重要性认识不够。很多学生学习英语并不是为了掌握语言技能、实现语言的价值，而是为了应对考试，阅读学习则处于可有可无的尴尬地位。在这种情况下，学生在英语阅读课中，常常出现玩手机、睡觉、逃课等现象，这致使学生的阅读能力低下。另一方面，由于学生自身的英语基础知识、学习能力等方面都存在显著的差异，学生在具体的阅读学习中，常常因为词汇量不足、西方文化欠缺等问题，无法知晓文本中的意思。久而久之，学生就会逐渐丧失阅读的兴趣，这制约了学生的阅读能力发展。

最后，部分学生深受应试教育的影响，又面对巨大的就业压力，心里存在对英语阅读的误解。在他们眼里，提高英语阅读能力只是为了备考，掌握各种阅读策略、反复操练各种阅读试题只是为了高分通过各类考试。这类学生的行为与阅读"为了实现个人的发展，发挥潜能以及参与社会活动而对文本进行理解、运用和反思"这一本质目的相悖。英语阅读教学是一个综合的过程，教师在此过程中需要把文本内容、思维能力培养和语言技能培养之间的关系处理得恰到好处。阅读能力量表存在的本质意义就是"让英语教学回归本质"，回归语言的人文性。借助阅读能力量表，学生能够科学系统地找到适合自身的阅读材料，从而有的放矢、有据可依地进行高质量阅读。

（四）缺乏纲领上的指导

在传统英语阅读教学中，教师常开展的教学活动有预读、快读、略读、扫读、找信息、推断、归纳文章大意、厘清文章结构、语境猜词、回答问题、判断正误、对子活动、小组活动等。如果缺乏纲领上的指导，教师通常会根据主客观情况安排这些教学活动，并认为这是一个常态的阅读课应有的模式。这样的教学缺乏对学情的分析，缺乏系统性、可持续性的指导，具有盲目性、随意性，必然不利于学生阅读能力的提高。

（五）没有合适的训练环境

英语是世界上的通用语言，在进行英语沟通和学习时的难度也是可以被大部分学生接受的，语言是人类在进行沟通交流时最重要的工具，英语是我国人民在国外进行交流的一项重要的语言工具，这就好比是我们中国的汉语一样，在我们国家如果不说汉语会给生活带来很多的不方便，不能向别人表述自己的实际需求。人们在生活中的方方面面都需要语言，高职在进行英语教学时没有合适的语言训练的环境。如果单单是以上课学习和考试来使学生认识到英语的重要性是不可能的，也不能让学生对英语的阅读技巧进行更好的掌握，这就是因为环境因素所导致的，同时这也是我国目前需要在阅读方面攻克的难题。

二、高职英语阅读教学方法实践探索

（一）"互联网+"教学法

在高职英语阅读教学中运用互联网技术为学生提供更便利的条件，对于教学活动开展有重要的价值。

首先，"互联网+"下的高职英语阅读教学可以提高课堂阅读的互动性。在高职英语教学过程中教师要进行大量的讲解，尤其是阅读教学中，学生练习比较少就有可能无法跟上教师的教学进度，还有可能无法参与到课堂学习中。教师与学生之间的互动比较少，教学效果并不理想，学生由于无法提前掌握教师课堂教学资料，导致预习效果不理想，并且无法实现良性沟通。而互联网+下的高职英语阅读教学工作的开展可以让教师有更多的时间与学生沟通，能够利用课堂时间组织学生阅读，并且通过多种方式提高阅读的互动性。

其次，"互联网+"下的高职英语阅读教学可以让学生掌握英语知识，重视自主学习。教师需要告知学生，在学习的过程中需要将学习技能融入日常生活学习中，培养学生自主学习能力，同时教师要整理教学资料运用互联网技术推送给学生，要让学生随时可以学习英语知识，这样能够积累更多的英文知识。对于学生自主学习有重要价值，培养学生良好的学习习惯，让学生养成自我学习的能力。

最后，高职英语教学中运用"互联网+"技术可以促进教学工作的开展，尤其是当前教学活动开展提倡第二课堂教学，当前教学活动开展想要达到教学效果就要重视课堂教学，并且要将课堂教学相关知识运用其中，这样才能够满足学生要求，促进学生掌握更多的知识。高职英语阅读教学中运用互联网+技术可以将其运用在教学中，可以通过课前预习和课程设计，延长课堂学习的时间，通过网络技术手段将教学资料转化为立体资料，对于教学工作实施有重要价值。

1. 创设教学情境

第一，加强英语交流与沟通。教师在课堂教学中需要运用多种方式教学，主要是表达自己的观点，可以通过阅读环境创设方式开展教学活动，这样能够利用多媒体设备创设一个教学情境，同时能够在情境中开展教学活动，提高教学效果。

第二，课堂教学加强泛读练习。高职英语阅读教学中需要帮助学生养成良好英语阅读习惯，教师需要针对英语练习中涉及的英语阅读材料进行分析，掌握日常教学中需要注意的问题，引导学生扩大自身阅读范围和阅读量，同时要让学生养成阅读的习惯。

2. 搭建教学支架

第一，对话交流设置支架。高职英语阅读教学活动开展需要重视为学生提供阅读环境，并且要积极地引导学生，这样才能够加强学生之间的互动，提高学生领悟英语的能力，这对学生了解各种类型的英语诗歌有重要价值。支架教学法的运用需要通过对话交流方式实现，主要是通过对话方式交流，掌握教学中存在的不足，并且要针对提出的问题进行分析，让学生之间可以实现良性互动。

第二，从思维上引导学生。高职英语阅读教学中教师需要从思维上引导学生，教师在提出问题后并不需要学生解答，可以让学生自己思考，这样能够锻炼学生的思维能力，并且能够克服在阅读中遇到的障碍，这对学生学习有重要价值，可以实现学生英语思维能力的提升。

3. 利用网络资源

第一，充分利用各种信息资源。高职英语阅读教学中，教师需要重视对各种信息资源的运用，需要将各项技术运用到阅读教学中，这样可以改变英语教学现状，提高教学效果。

第二，信息技术辅助学生学习。高职英语阅读教学中教师要充分考虑信息技术的运用情况，结合实际情况选择适合教学的技术，要了解各项技术的运用方式和范围，结合教学要求进行运用，这样才能够促进教学活动开展。

4. 建立合作小组

第一，合理设置教学环节，高职英语教学中要充分考虑学生在课堂上的作用。高职英语阅读教学要重视课堂教学管理，同时要设施教学环节，提高学生自我交际能力和协调能力，并且要采取小组合作方式进行阅读教学。教师结合学生的学习能力进行教学任务设计，按照一定方法进行分组，保证小组能够合作学习。

第二，布置小组任务，评估学生学习效果。高职英语阅读教学要充分考虑学生自主学习能力培养，建立学习小组后可以帮助锻炼学生小组合作能力，拓展学生学习能力，锻炼学生组织能力、沟通能力和协调能力。同时可以利用小组合作方式布置一些课外教学任务，让学生可以进行阅读培养。

（二）建立"第三空间"

在探索高职英语阅读教学"第三空间"的过程中，可以从以下三个方面入手。

1. 重视中文语篇输入

在跨文化教学与传播中，"第三空间"指的是不同文化在交流过程中产生的、介于两种或多种文化之间的语言文化空间。对于高职院校英语教育来说，"第三空间"指的是在中文（母语文化）和英文（目的语文化）之间产生的语言文化空间。中文作为我们的母语，给予了我们强大的理解力和共鸣感。同一语篇、同一事件以中文和英文不同方式展现给学生，他们的直观感受都是不一样的。在英语教学过程中，教师不需要以二元对立的态度，完全摒弃中文在课堂中的使用，反而教师要善于利用学生对母语与生俱来的亲近感和理解力，帮助他们从中文语篇中吸收养分，加强背景知识输入、新兴概念理解、不同文化感悟，增强其思辨能力和理解力，帮助学生充分理解语篇中的文化。只有在充分理解背景、文化、概念的前提下，才能让学生感受到文化的差异，才能激发学生的思考，让学生有物可言、有话可说、有对比可以发现。

语言是文化的载体，在"第三空间"中，所有的语言都是平等的，教师和学生不需要刻意地回避母语，只要是可以帮助学生加强文化理解的内容，都可以让学生大量地阅读，打破了语言对于学生的束缚，可以极大地削弱学生对陌生篇章和英语阅读的恐惧，凭借学生积累的文化知识，可以大大提升学生对于文化的理解能力和理解深度，在对于文化现象进行思考和阐述时，学生可以挖掘出更为有深度的话题，对于话题的思辨能力、例证能力都有很大的促进作用。

2. 采用比较阅读法

现在的高职英语教材中，同一主题的语篇较为单一。在实际上课的过程中，还是更倾向于语言的教学，而对于文化只是一言以蔽之。有时，并不是老师不想将语言与文化联系起来，而是过于单一的语言，让老师很难对于文化部分言之有物，学生也只能泛泛听之，很难有切身的感受，并产生共鸣。在这种情况下，比较阅读法不失为一种可以尝试的方法。对于同一主题，教师可以扩充一些难度相当的中外文化作品进行比较阅读、古今作品比较阅读、同一作品中英文版本的比较阅读、同一主题不同作者的比较阅读等。在比较阅读的过程中，学生通过比较，发现差异，探讨差异形成的原因，比对差异给读者带来的感受，讨论这种表达方法是否得当，是不是还有更好的途径来表达。当学生的讨论真正地依托在文本的比较阅读之上时，学生思考的深度和广度也随之而来，创意性的答案、思辨性的话题也就会接踵而至。

在阅读的过程中，带领学生们探索、思考这些事迹背后所蕴藏的异同，带领学生探索成功背后的努力和支持，探索他们成功的背后有没有国际、文化、时代的影响，他们经历的背后有什么样的异同。在这一过程中，语言已经成为思考素材的提供者，学生抛弃了语言的表象，吸收了语言背后所蕴藏的思想，在不同思想的碰撞下，学生形成了不同的结论和理念，观点更加有深度和容纳度。

由于高职学生阅读的深度和广度相对受限，要想让学生能够对文化现象进行深入的思考，在教师引领下的比较阅读是一个很好的方法。在对于同一主题不同作者的文本、同一作品中英文版本等各种文本的比较阅读中，可以拓宽学生的知识面，增强学生的阅读兴趣，有母语文化为依托，可以降低学生对于英语阅读的畏难情绪，帮助学生进行文本的理解，有助于学生更为公正、深入地对文化现象进行理解。同时，也可以帮助学生形成更为客观公正地看待文化、文本的角度，让学生在今后的阅读乃至生活中受益。

3. "第三空间"探索

阅读是基于文本的，文本是阐述文化的。高职英语阅读教学是进行跨文化教学的最佳选择之一，当教师摒弃了对母语和目的语二元对立的态度后，引导学生以平等的视角直视阅读材料，总结材料观点，发掘观点异同，学生自然而然会想探究其异同的根源，探究文章背后所代表的文化。在一翻探究后，学生会形成自己的想法，此时教师再引导学生跳出文本，以平等的视角用"第三视角"对母语文化和目的语文化进行剖析、碰撞，以期得出新的不同于母语和目的语文化的，更为融合、和谐的解决方式。

在这一过程中，无形地帮助学生减少了文化优越感、文化自卑感和文化偏见，促进学生挖掘不同文化背景带给我们的不同文化烙印，思考不同文化下对于相同或相似话题、问题的处理方法的异同，探索其异同存在的根源，在更加广泛的层面上阅读更为广泛和深层次的材料来印证、支持、创新自己的想法。在母语文化的滋养下，在目的语文化和母语文化的冲撞下，学生逐渐学会以平等的态度对待文化，鼓励学生在"第三空间"中重新审视本国文化和目的语文化。

（三）体验式阅读

结合人的认知发展规律、建构主义相关理论知识，基于学生在体验中获得知识最为牢固、长久的现状，教师积极开展体验式教学模式时，应该以学生的记忆曲线为指导，让学生在体验中获得知识，感悟语言规律和习惯。与传统的教学模式不同，体验式教学以学生的认知特点、认知规律作为基础，通过多种手段和模式，精心创设教学情境，呈现和还原教学内容，促使学生在亲身经历的过程中，理解知识、建构知识、发展能力、产生情感等，最终达到既定的教学目标。一方面，体验式教学模式的开展，彻底打破了传统教学中的师生关系，学生真正成为课堂的主体，教师则成为学生学习的组织者、引导者和促进者；另一方面，在体验式教学模式下，将具体的英语阅读教学安排在特定的情境中，促使学生在多重感官的体验下，获得了阅读的兴趣，并在阅读的过程中，循序渐进提升了自身的英语综合能力。

体验式阅读在高职英语阅读学习中价值较为突出。首先，增加了课堂趣味性。体验式阅读更契合学生的习惯和个性化阅读需求，能够彰显学生的主体地位，让学生以特定的方法进行高效阅读，增强体验获得知识。同时，通过情境体验的设置，活跃了课堂的氛围，增强了英语阅读学习中的师生、生生互动，最大限度地唤醒了学生的阅读兴趣。

其次，提升了阅读效率。在传统的高职英语阅读学习中，受到学生自身、教师阅读教学模式的制约，学生常常面临着难以理解阅读材料等问题，致使阅读效果不佳。而通过体验式阅读教学模式的开展，学生在特定的沉浸体验中，对阅读中蕴含的文化、背景资料等，进行了更加深刻的体会。

最后，提升了学生综合素养。通过体验式阅读教学模式的应用，学生在亲身经历、体验的过程中，阅读学习时不再局限于教师的思维束缚中，可结合自己的想法寻找资料、理解文章、独立思考、交流探究等。

1. 情境体验

教师在开展英语阅读教学之前，结合阅读材料的内容，分析其探究的主题、目的等，收集和选择与其相关的阅读材料，借助文字、图片、PPT、语音、视频、角色扮演等途径，还原真实的文本情境，让学生走进文本，体验英语语言所表述的内容，将语言与情境融于一体，增强阅读效果。例如在开展体验阅读教学之前，借助多媒体的方式，将与其相关的阅读材料进行了收集和综合，并结合相关电影片段，引领学生在电影具体情节中理解所体现出的精神、包含的内容。除此之外，教师在给学生创设情境体验的过程中，还可以结合阅读的内容，组织学生针对阅读材料开展角色扮演，促使学生在表演的体验中，对阅读材料形成更加深刻的理解，最终提升阅读的效果。

2. 互动体验

在体验式教学模式下，高职英语教师在优化阅读教学的过程中，还应结合文本观点，迁移学生的经验与知识，从学生的认知能力和知识水平出发，精心设计具有思考和探究价值的阅读问题。接着，指导学生结合自身在阅读中获得的感受，对其开展思考，并以小组的形式进行交流和探究，最终促使学生在有效的互动中，对阅读材料形成更加深刻的理解。如此一来，学生的观点与阅读内容有效结合，阅读与体验融于一体，增强了阅读体验。

3. 案例体验

在体验阅读教学中，高职英语教师结合学生的实际情况，指导学生在课下自行搜集资料，并在阅读的过程中，对搜集的资料进行实践验证；接着，指导学生在交流和讨论的过程中，形成自己的观点，并将其表达出来。如此，有效提升了学生的阅读效果，发展了学生的英语综合素养。

4. 体验式课外阅读学习

单纯依靠课堂开展教学，很难取得预期的效果，学生也不容易获得丰富的阅读体验。尤其是面临新时代下的教学目标，教师还应重视课外阅读，积极开展体验式课外阅读教学。具体来说，在课余时间，教师组织学生积极参与到多种课外活动中，包括观看英文讲座、参加英文演讲、参加英语诗歌朗诵比赛等，借助特定的课外活动体验，激发学生的英语阅读兴趣。另外，还可以通过定期举办"英语实践周"的途径，引导学生在英语辩论会、英语原版电影等亲身体验中，逐渐提升自身的语言能力、综合素养等；教师还可以在课余时间内，组织学生积极参与到各种英文展览、中外交流活动中，最终促使学生在亲身经历、亲身体验中，逐渐提升自身的英语阅读能力、综合能力等。

三、高职英语阅读教学模式实践探索

（一）基于 CBI 理论的补偿教学模式

CBI 是指"语言教学根据学生需要掌握的学科内容或应获取的信息进行，简言之，就是用目标语教授某一学科领域的知识，使学生既能掌握学科知识，又能习得目标语"。CBI 教学模式的实施程序可以事先由教师提供科技、文化、政治、历史、人文、社会、艺术、文学等方面某一主题的内容。进行相关内容输入，当学生某一主题内容得以积累到一定程度时，对于这一主题相关的复现率较高的词汇、句式、篇章结构都能进行适当输出。下面具体谈一谈基于 CBI 的补偿教学模式构建。

1. 补偿教学模式的构成框架

（1）同主题阅读补偿

同主题补偿即进行与教材"同主题"内容补偿。能激发学生兴趣、拓宽阅读面。利用"开心英语"移动阅读软件做好课外和课内英语阅读学习的链接。以这款与高职英语课程教材文本主题同步的阅读软件为辅助阅读工具，追踪独立学院学生阅读主题偏好，不但能让学生对自我的阅读偏好有清晰的认知，而且使学生对课程文本的主题、内容产生更加清晰的自我选择和深入思考。

（2）个性化档案补偿

个性化档案补偿是对传统课堂阅读兴趣的线上补偿方案。这款小程序对学生的阅读篇章、练习轨迹进行个人化管理和数据收集。学生对某个主题、某类文章翻阅时间和练习次数都会反推出自我的兴趣倾向。这种补偿弥补了学生兴趣的断点、强化了线上阅读的趣味性和交互性。

2.补偿教学模式的设计和模块

（1）内容模块设计

①主题文章推送

阅读主题延续线下教学教材涉及的单元主题进行补充和拓展。文章难度设置三个阶梯。第一梯度为高中英语阅读难度，面向基础较为薄弱的学生建立自信和兴趣；第二梯度为与四六级同等阅读水平的难度，适用于对四六级考试有要求的学生；第三梯度为较为拓展性的文章。

②测试形式

客观题：客观题设置选择题。针对句子理解、篇章理解、概念、逻辑推理、总结等各方面的阅读技巧展开；

综合语音题：对文章的阅读设置读后语音分享，可以是总结大意、感想感受。英语录音；

错题反复练习：做过的题目进行后台累计数据，会根据错题类型进行累计，以此查看出某项技巧的掌握缺陷。

（2）个性化阅读功能模块设计

①个性化内容：同步教材主题，并选取不同难度级别、不同体裁、不同出处的阅读文章，形成"窄主题、宽拓展"的内容构建特点。

②个性化互动方式：学生可对自身的学习轨迹进行实时查看，查看内容包括阅读频次、阅读时间、主题阅读篇章量和主题阅读篇章效果。阅读效果的测算由文后与理解相关联的阅读选择题来产生；同时，学生可对其他人的阅读归纳感想进行选听并留言。这个模块既提供了学生—线上工具之间的交互，又提供了学生—学生之间的交互。这两种交互方式对学生的兴趣和动力会有极大帮助。

（3）管理功能模块设计

教师可以对学生的做题完成度、平均分进行统计，并了解学生的特定主题阅读记录，以取得学生阅读兴趣倾向的数据依据，以此推进后续推送内容填充的难度、主题选择。

（二）思维型教学模式

思维型英语阅读教学模式主要是帮助高职有效的培养提高学生阅读思维能力，增强逻辑思维能力，提升语言表达能力。构建思维型阅读模式是一个规范化的过程，这种教学模式可以有效地将阅读教学分成三个层次。第一个层次是课前预习。这个课前预习包括提前查阅背景资料进行了解，在阅读基本课本知识后，对课本简单问题进行自我回答。同时可以根据课本的内容，提出具有思想性的问题。第二个层次就是正常的阅读课教学过程。在教学过程中，针对提前准备的问题进行解答，在互相解答的过程中，将问题深化，获得更加深刻的理解。在基本问答的过程中，可以对文本的结构成文、风格语言、文章的行文逻辑、文章的主题思想和中心内容进行细致而又具体的把握。在学习的过程中，获得各方面的学习思维锻炼。第三个层次就是课后讨论，学习完了课程的主要内容，针对提出的问题进行了解答，最后需要完善的总结和归纳，引发相应的思考。可以在课堂结束前的十分钟内，分小组进行总结和讨论，锻炼学生的总结归纳的能力。

1. 课前积极引导思考

（1）先将每个学生小组分为不同的几个学习主题小组，每一个学习小组都应设置一个共同的学习主题或者共同问题。让各班学生可以自主确定分工，团队协作，共同完成一个星期学习的任务。同时还要引导每位学生在每次课堂学习开始之前对自己学习过的内容进行一次预习，先仔细查找好所有相关学习资料，以备在下次课堂上课后进行及时补充和反复提问。

（2）在阅读课程正式展开之前，各组学生需要明确本次课程的重点学习内容以及难点学习内容。对本次课程稍微简单的内容进行自我学习和消化。对重难点内容，学生需要做好学习笔记，将不懂的内容做上相关的标记，等待老师上课解答以及同学讨论。

（3）在英语阅读教学课程正式开始展开的这个时候，教学者的要求是能够通过提出一些具有教学诱导性的教学问题，能够通过引导更多学生开始进行主动性的思考，同时将引导学生的学习注意力充分集中地放到阅读课堂上，帮助学生的思维发散出来，让学生的思维最终能够落实和凝聚到笔记本或者黑板上。

2. 课中诱发主动思考

（1）学生在提前学习英语阅读的时候，会提出一些问题，有一些自己的思考，这些内容都会在课堂进行的过程中，伴随着学生的参与和老师的引导获得新的理解和阐释，学生主动去学习文本，能够自主地对文本内容产生自己的理解、体验，对整个文本进行宏观的把握。同时在文本细读的过程中，学生可以根据具体的句子、重点段落进行分析。达到对文章的学习和把握。更加全面和深刻的理解英语阅读内容。理清英语阅读的内在逻辑，从而联系习题来进行复习和内化。这样可以在这种学习训练的过程中，获得更好的学习经验的积累。

（2）教师在教学的过程中，需要从多层次、多角度、多方面对文章的内容进行引导性的提问。让学生能够在潜移默化中，深入对文本的学习。教师对学生的提问类型，可以分为上课时期的即兴发问，调动课堂氛围，使学生思维更加活跃，也让学生参与课堂的积极性变强。还有一种发问类型，就是紧密联系课文内容，对学生进行常规性的提问，引导学生参与阅读文本的学习当中。另外，在阅读内容学习完成后，老师可以提问一些较为深入的问题，这部分的问题一般需要学生私下查找资料进行了解和自我解答。这就给学生提供了新的角度去学习英语阅读。指引学生从不同的路径进行思考，从而让学生能够由浅入深地去把握阅读的内容，引发发散性的、持续性的思考。

3. 课后有效互动交流

课后老师安排与学生进行自主讨论交流，谈谈这节英语课的一些收获与学习感受。鼓励每一个学生积极参与发言，发表自己对这堂课的看法；同时，对本堂课还有一些疑问的学生，可以再次提出问题进行讨论。问题不分高水平或者低层次，只要是与本堂课的内容相关，都可以畅所欲言。讨论结束后，可以让小组组长对发言进行总结，全班同学再次对学习内容进行复盘，加深对英语阅读学习的印象。总结的内容可以为，深化理解文章的主要内容，对作者的观点进行评价。引导培养学生独立进行思考的思维能力，进而促使独立进行思考的思维能力慢慢得到培养从而成为一种批评性质的思维。让学生们通过每一堂优质的课程学习，活动思维能力得到提升。

第六节　高职英语写作教学实践

一、高职英语写作教学研究分析

（一）国内英语写作教学研究分析

近年来，国内研究者更加关注写作过程中母语的转移，以及教育学、语言学、社会学、心理学等方面对学习者学习英语写作进行了理论讨论和实证研究。学者文静认为，比较这两种语言（汉语和英语）的异同并将其融会贯通于写作教学中，可以降低这些干扰因素对写作的影响。

中国的写作教材直接给出学生写作体裁类型、范文模板，让学生按照现成的作文格式和套路进行训练，虽然在单元后半部分有让学生进行思考、分析问题的训练，但没有专门的思辨能力训练部分，学生不会去深层次思考文章的结构和思想，很难写出体现自己思想认识和新颖、鲜活、生动的作文，内容简单，思想深度不够。而且学生只是盲目地接受，并没有经过自己的思考和筛选，无法内化为自己的知识，他们就会逐渐养成懒于思考、直接引用的习惯，不利于他们创新能力和辩证思维的形成，以致很多学生对更多事物难以形成自己独特的观点和见解，更谈不上思辨能力的提高。

总体而言，关于国内对于英语写作的研究整体上比较零散，没有形成规模化与系统性，缺乏全面整体的论述，所处视角比较狭窄、单一，缺乏从学生需求出发的相关研究。

（二）国外英语写作教学研究分析

国外写作的概念是源于修辞学，与国内英语写作关注的内容不同的是，国外写作教学更多关注"写作修辞环境"，这传承于国外的传统写作教学方法。而在写作研究重点方面更加注重侧重于二语写作过程、写作结果和写作环境等领域的研究。研究对象较为单一，涉及面较窄，大都以第二语言为英语的学习者为研究对象的研究，其他语系的研究相对比较缺乏体统的有成效的研究。托尼·席尔瓦对于二语写作前些年的发展情况做出展望，外语写作研究的主要研究任务是获得更多语种的研究支持，扩大样本库，脱离英语的单一研究方向。

可见，国外很多学者的研究中有关二语写作教学的研究成果并不多。在写作研究领域理论和实践的研究过程中，教师应该更加注重语言的客观存在，把修辞手法进化成写作技巧，以此来提高学生的写作能力。

综上，国外对英语写作教学的研究者众多，研究面广泛，但是在成果方面乏善可陈，仍然处于发展阶段，还有很多的内容方法可以深入探究。

二、高职英语写作教学中存在的问题

写作教学是英语教学中的一项重要环节，在英语教学中占据着重要地位，它不但是英语教学必须要完成的一大目标，同时也对学生英语综合实力的提高有着不可忽视的作用。学生通过学习和掌握相关的英语写作方法和技巧，可以更加熟练地运用英语这门语言，在跨出高职校门后的实际工作中灵活运用所学知识，具备英语熟练写作常用文体的能力，以满足未来工作岗位对英语写作的要求。但是就目前的实际情况来说，很多高职院校的学生英语基础差、写作水平参差不齐等问题长期存在，而教师在教学时也普遍存在着教学形式单一、教学评价落后等问题，这些问题的存在对于学生今后的发展非常不利，作为教师必须着手对其进行改进。

（一）学生英语基础薄弱

在高职院校中相当一部分学生自身的英语基础非常薄弱，不仅英语词汇储备量少，而且对语法结构、概念也混淆不清，在写作中不是无从下笔就是出现词汇的简单堆砌、词不达意，语言应用能力较弱，英语写作能力普遍不高。写作是学生最难迈过的一道坎。而在高职院校，很多学生的问题还不只是这些，他们大多数人的学习态度也存在着很大的问题，由于长期英语学习成绩不理想的缘故，很多高职学生陷入恶性循环，对于英语学习缺乏信心，当面对需要大量积累、练习才能有所提高的英语写作就会产生畏惧和排斥心理，久而久之，有的学生甚至会放任自己，不敢去学习英语写作，这就导致英语写作教学难以开展。

（二）英语教学模式单一

在高职英语写作教学中，很多教师所采取的还是传统的教学模式，即教师先对写作话题进行解析，制定固定的写作框架，然后布置写作任务，课后对提交的作文进行修改，而后在课上进行点评。这种教学模式既过时又单一，学生在这种死板的教学模式中学习，很容易丧失学习兴趣。尤其是对于高职学生来说，他们对于英语学习本身就缺乏积极性，如果教师不能改变这种枯燥无味的教学模式，那么学生与英语写作渐行渐远。另外，这种单一的教学模式，往往把重心放在语法、句型的讲解上，没有深入讲解英语的一些写作方法和技巧，缺乏创新意识，更忽视与学生的互动交流，学生也因此始终处于一种被动学习的状态，这不仅不利于学生的英语写作学习，同时也不符合当前社会的教学理念。

（三）教学评价存在缺陷

英语写作需要大量词汇句型的累积和长期的坚持练习，而在高职英语写作教学中，教师往往都是课堂授课，过分重视写作结果而忽略写作学习，导致学生在有限的时间和字数限制下，无法进行资料的收集和思考，并将自身写作观点阐述和修改，这也导致了学生英语的写作质量难以提高。教师需要面对不同专业，不同班级的学生，在对学生的写作任务进行评价时，由于精力有限难以对学生的写作作品一一进行修改和指导。同时，由于学生还会在同一问题上反复出错，教师也不得不花费时间和精力去对所出现的问题进行反复强调，这就必然会压缩其他教学时间。另外，由于学生人数众多，教师在批改学生作业时，也存在着一定的滞后性，学生无法及时地得到教师的反馈，这也从一定程度影响着学生写作能力的提升。

（四）写作教学方法落后

在新的人才观的指引下，优化写作教学、创新教学方法、提升学生的语言运用能力，成为高职英语写作教学的总要求，而实际上，多数英语教学与此背道而驰，仍然采用传统的成果写作法，也就是以考试中常考的写作题为训练内容，写作教学是为了应试，忽视了写作的实践性、实用性、工具性。写作教学中，多数教师先布置写作题，再让学生读范文，之后进行模仿性写作。这样的写作教学法效果较差，学生的写作千篇一律。

成果写作法在高职英语写作教学中运用，突出表现为教师对学生的写作缺少写前指导，忽视过程和方法，重心放在学生作文的成品，并且在评价方面停留在语法、单词的纠错上，忽视习作的主题、篇章结构的布局，导致学生难以从评价中获得启发，写作能力难以得到提高。

（五）写作教学不受重视

英语写作反映了学生的英语基础和综合运用能力，英语写作能力是高职学生以后职业生涯中的必备能力。虽然高职院校的领导和教师们都能充分认识到，但是在实际教学中，仍然以考证、应试为目的，对写作课程、写作教学不能充分重视，写作课时安排不足，几乎不开设写作课，写作教学也仅仅在基础课程中渗透，学生的写作训练少之又少，写作能力的提升自然受到制约。

（六）写作训练主题枯燥

兴趣是最好的老师，长期以来，高职英语写作教学之所以低效，主要原因之一就是写作训练主题枯燥、缺乏时代感，学生写作兴趣缺乏。高职学生英语基础薄弱，这成为其英语写作能力提升的一大障碍。如果写作训练时写作的主题不能与时俱进，学生就会对写作产生厌倦情绪。如让学生进行介绍自己、介绍朋友、介绍家乡美景、购物、就医、问路等话题的写作，从小学、初中写到高职，话题陈旧、主题枯燥，对学生没有吸引力，难以激发学生写作的热情，教学效果之差可想而知。

（七）缺乏写作方法的指导

在高职英语写作教学中，多数教师采用大班制授课，很难对学生进行分层次教学，更不用说"一对一"辅导了。而"授之以鱼不如授之以渔"，由于缺乏必要的方法、技巧的指导，导致高职学生英语写作能力低下，制约学生综合能力的整体提升。

导致高职英语写作教学低下、高职学生写作能力普遍较低的主要原因，除上述七个方面之外，写作环境的缺乏、写作反馈的低效也是不可小觑的原因这些都会导致学生的写作动机不强，写作欲望不强烈。只有从根本抓起，找准"病因"，采用积极有效的措施，才能"对症下药"，才能"药到病除"，促进高职英语写作教学上一个新台阶。

三、高职英语写作教学策略实践探索

（一）加强基本功训练

高职学生写作能力比较差，主要原因是词汇量缺乏。词汇在英语学习和运用中十分重要，学生词汇量缺乏，听、说、读、写都会受到限制、遇到阻碍。而大部分高职学生英语基础较差，词汇储备量不足，距离教学大纲规定的词汇量相差甚远。为此，在高职英语教学中，为了改变学生写作能力差的现状，应首先加大词汇教学力度，加强学生的基本功训练。

首先，在写作教学中，通过多元趣味形式，提升学生的词汇量。如开展词语接龙游戏，以游戏激活写作课堂，也激活学生的思维力，调动参与的主动性，有助于词汇的丰富和积累。也可以根据写作主题开展 Brain storming 游戏，如要求学生以 Friendship 为主题进行写作训练时，首先组织学生围绕 friend 和 friendship 进行联想，想出相关的单词和短语，如 friendly、kind、generous、outgoing、patient、hard-working、make friends with、close friends 等，引导学生联想关于"朋友""友谊"的谚语，如"A friend in need is a friend indeed.""Be true to your work,your word and your friend""A friend is easy lost than found."等。游戏的融入，既激活了学生思维，也为学生的写作、词汇的积累打下坚实的基础。

其次，阅读中积累和运用、养成自主记忆的好习惯，也是有效积累词汇量的方法。如在课内外阅读时，对于好词佳句多识记、勤积累，逐渐地丰富词汇量，夯实英语学习和综合运用的基础，就可使学生在写作上有质的突破。

（二）熟悉写作模板

在高职英语教学中，多数教师疏于对学生写作方法的指导，导致学生的写作能力提升较慢。教师应结合具体的写作教学，渗透不同主题、不同体裁的写作方

法指导，让学生了解和掌握写作方法，熟悉各种类型文章的模板，写作时才能得心应手，写作才不再难。

以自荐信、应聘、竞选类的写作教学为例，对于这类文章，作者首先给出模板。

开头：自信地介绍自己，说明写信的主要目的。

正文：

（1）介绍自己的兴趣以及自荐、应聘、竞选的目的。

（2）介绍自己的性格特点、主要特长。

（3）点明自荐、应聘、竞选的自信。

结尾：表明自己的希望和期待。

……

给出模板后，可以提供相应的写作材料，让学生进行写作训练，学生便会自信十足、兴趣浓厚，久而久之，学生掌握了习作的篇章结构，学会谋篇布局，学生的写作能力将得到大幅度提升。

（三）更新写作教学理念

传统的"满堂灌"，让学生学习写作时被动、消极，写作教学效果低下。而创新教学模式有助于学生主动性的激发、主体地位的凸显和思维的创新，促进学生积极参与到学习过程中，弥补传统教学的不足。

首先，开展各种写作大赛，以竞赛带动写作教学的良性发展。赛前针对性强化训练，不仅有助于获奖率的提升，也提升了学生的写作能力，激发写作的积极性和主动性。

其次，常态的写作教学中，融入小竞赛，激发学生写作的愿望。如在应聘信的写作教学中，学生自主写作之后，让学生相互评价，评选出优秀佳作，并颁发"荣誉证书"，就能够实现以奖激趣、以赛促写的目的。

最后，更新写作教学理念，改变传统落后模式，运用任务型教学，也是优化写作教学、推动写作能力提升的有效手段。如提供范文，让学生阅读后列出写作提纲；又如写议论文，让学生找到论点，找到论据和结语，自主归纳议论文的写作方法和谋篇布局。任务型教学，促进学生语言表达能力的提升，也发展学生的写作能力。

(四)增强学生的语感

为了使高职英语写作教学效率和质量能够得到提高,在班级教学过程中,教师需要多方位地增强学生的语感,让学生能够在掌握基础知识的基础上,更加有条理地进行作文的写作,从而促进学生语言表达能力的提高。对于语感来说,其实是学生在日常学习中所形成的重要习惯,教师需要通过增加学生的阅读量来让学生提升自身的语感能力,比如教师可以让学生多听一些英文歌曲,也可以多看一些英文小说,让学生能够在阅读的过程中增强自己的语感。教师在让学生进行写作时,可以每周让学生选取自己最为感兴趣的一个片段或者是最喜欢的一个片段来进行仿写,让学生通过小短文的方式来进行作文水平的有效锻炼。另外,教师还可以要求学生每天背诵一些阅读书籍,在潜移默化中可以让学生在脑海中构建相关知识体系,促进学生作文写作水平的提高。在经过一段时间的教学之后,教师要加强对学生的有效考核,询问学生在这一期间阅读时的收获所得,学生逐步地就会形成阅读的好习惯,语感也会得到有效的锻炼和提升。

(五)加强作文技巧的教学

教师在高职英语写作教学课堂中,在为学生进行教学时要加强对作文技巧的有效教学,从而使学生能够将课堂所学到的知识灵活地应用于作文写作中,促进学生作文写作水平和能力的提高。在班级教育的过程中,教师要制定科学而灵活的作文写作方法,从而保证学生学习效率的提高,在作文教学中,教师可以为学生布置以下的要求来让学生进行作文的写作:①高级词汇和语法的应用。②修辞方法。③合理的连词和副词的使用。④名人名句或者是谚语。教师在班级中进行作文写作教学时,要让学生从以上四个方面入手写作,在脑海中构建完善的知识体系,或者让学生在写作文之前,通过思维导图的方式进行完整性的罗列,从而使学生的作文写作内容变得更加丰富和精彩。

(六)教学与大数据相结合

1.充分利用网络资源

基于大数据去开展高职英语写作教学,其相较于传统英语写作教学有着非常大的优势,而其中最为重要的就是,大数据可以为学生提供更为丰富的英语写作资源,如教学视频、在线指导、各种英语写作素材等。这些资源的表现形式更加多样,不再局限于以往纯文本的形式。就以教学视频来说,英语写作微课就是近年来比较热门的一种视频学习资源,它主要是将教学内容通过简短有趣的视频呈现出来，让学生可以不受时间和空间限制去进行学习。将其运用到高职英语写作教学中，教师可以让学生利用微课自由地进行课前学习，而学生也可以根据自身的学习情况去网络上搜集相关写作素材；将这些素材进行规整，可以降低学生在英语写作学习上的挫败感，为学生学习英语树立信心，这样学生再参与英语写作就会容易很多，从而让学生体会到英语写作所带来的成就感，进而对英语写作产生兴趣。

2. 合理利用网络平台

基于大数据开展高职英语写作教学，其另一个优势就是能为学生提供更加丰富的写作形式。现阶段网络已经渗透到我们生活的方方面面，而且随着电脑手机等移动终端的普及，学生使用网络的成本越来越低，同时网络的使用可以让很多资源达到重复利用的效果，针对一个学习资源，学生可以从不同的视角对其进行反复利用，这样可以有效地提升学生对于学习内容的掌握情况。与此同时，学生们日常所使用的手机、平板电脑等移动终端越来越智能化，而且现阶段的各种辅助学习的应用软件和工具也越来越丰富，学生可以通过安装相关的应用软件来参与英语写作学习，以此来突破传统英语写作形式上的局限性。另外，教师也可以将这些在线平台作为课堂讲解、写作点评的辅助工具，以此来帮助学生更好地学习英语写作。

3. 转变传统评价方式

近些年来人工智能在我国所取得的巨大发展，也使得大数据技术有了更多的用武之地，同时也给高职英语写作教学带来了更多的可能。在高职英语写作教学中，教学评价原本被完全掌握在教师的手中，而现如今有了大数据技术的支持，教学评价的主体不再只依靠教师，也可以利用人工智能等技术，教学评价的方式变得多元化起来。在具体的实施中，可以将教师评价与系统评价相结合，系统评价可以为教师评价做补充，同时教师也可以利用系统对学生进行评价，然后教师再根据评价内容对学生进行指导，这样一来可以极大减轻教师的工作量，让教师把更多的精力和时间用在教学上。与此同时，有了系统参与教学评价，教学评价的形式也就不再拘泥于书面，而是演化成更多的形式，像是教师点评、学生与学生之间互评等，极大地丰富了英语写作的评价模式。另外，大数据技术还可以定期对学生的英语写作水平进行评估，记录学生写作水平的提升历程，学生可以通过这些数据分析直观地看到自己英语水平的提升情况，从而给予学生英语写作信心，促使学生的学习潜能得以挖掘。

4.积极参与教师培训

在大数据时代下，大数据技术的使用给高职英语写作教学带来了极大的便利，但同时也给教师提出了更高的要求。教师不仅需要提高自身的教学水平，同时也要具备一定的信息技术能力，这样才能在教学中更好地发挥出大数据技术的优势。因此，教师首先应该从教学观念上做出革新，改变以往传统的英语写作教学方法，不断学习，跟上时代发展的脚步，将网络平台上有利于英语写作教学的数据进行整理、分类，建立英语写作教学资源库，从而在教学中灵活运用此类资源，以此来帮助学生进行英语写作学习。其次，教师要提升自身的信息技术能力，现阶段信息技术的发展可谓是日新月异，如果教师不及时学习、深造，必然会被时代所淘汰，所以教师应该多参与信息技术培训，掌握最新的信息技术能力，并将其有效地运用到英语写作教学中。例如，教师要制作写作教学视频，就必须要掌握剪辑技能，这样才能将教学视频制作得更加精简，让学生喜欢看、乐于看。最后，要想让信息技术在高职英语写作教学中得以更好地利用，还需要教师与信息工作者之间共同合作，开发出新的教学应用，为学生学习英语写作提供新功能。

四、高职英语写作教学评价实践探索

随着我国新课改的发展与现代教育水平的提高，原有的高职英语写作教学评价方式已不再符合现代学生的多元化学习需求。而同伴互评反馈机制在高职英语写作教学中的应用，则可充分发挥学生学习主体作用，落实"以生为本，因材施教"素质教育理念，进一步提高教师与学生双向互动交流的积极性。下面主要介绍同伴互评反馈机制在高职英语写作教学中的应用。

（一）含义概述

所谓同伴互评反馈机制，指的是在学习期间，以合作学习小组的方式，对组内成员，也就是同伴间相互交换的阅读文本进行评价与反馈，评价对方完成的阅读文本完整度、有效度与正确性，以及指出对方所写文本存在的缺点，并为其提出几点有效的、正确的修改反馈建议，从而促使双方达到预期学习效果的一种写作教学活动。同伴反馈机制的构建，是建立在社会构建主义及第二语言理论知识学习基础上，被视为能够有效影响第二语言学习者的文本输出质量，是新课改提出背景下国内外英语写作教学运用较多的一种新型英语写作教学方法。这种全新的英语写作教学方法属于一种过程教学法，注重对学习者英语写作学习过程的反馈，重视引导学生以小组合作互助的学习方式自主完成学习，是交际教学法与小

组合作自主学习法的完美结合。同伴互评反馈机制在高职英语写作教学中的应用，强调学生互动合作，要求英语专业教师应引导学生与其他个体展开有效交流与互动，促使学生自身的认知结构得到不断完善发展，从而获得一种更加高效的学习效果。

从字面意思上理解，是指学生与学生之间通过对事物的交换实现互相测评，然后结合评测指标，学生可以了解到自身在学习过程中存在的问题。同伴互评的整个过程是以某一类学习任务为主体，依据现有的知识体系，对学习任务进行深度探讨，找出其中存在的不足并给予相关修改意见。对于英语写作教学来讲，同伴互评主要是指学生与学生之间对写作内容进行评测；是以自身认知能力为基础对学生所写的内容进行优缺点分析，且在整个评测过程中，学生与学生之间呈现出一定的交互性特点；是以一种共同协商、共同书写的形式，逐步对写作中存在的问题进行深度分析。此类交互学习可以进一步提高学生的写作质量。

从理论角度来看，同伴互评是基于合作学习模式而提出的，其旨在为学生之间的深度交流，然后以认知体系为基础，测定出当前学习内容中存在的问题并加以改正，这样通过学生与学生之间的有效交互，可以将自身的学习思维进行延伸，保证学生知识体系之间呈现出一定的融合效果，缩减学生之间的差距。此外，同伴互评之间可以有效强化课堂的趣味性，通过对固有课堂的机械化、单一式教导模式进行改进，以小组讨论或学生与学生个体之间的交流为主，令整个课堂教学呈现出一定的分化效果，以提高整体教学质量。

（二）注意事项分析

若想实现同伴互评反馈机制在高职英语写作教学中的有效运用，相关英语专业教师就必须要注重自身传统应试教育理念的改革，重视创新自身英语写作教学方法，积极采用与同伴互评反馈机制最适合的小组合作学习法，将班级中的学生分成若干学习小组。发挥"以生为本"教育理念的实质作用，针对学生的学习诉求、发展需求与学习能力，深入探索英语教材中存在的疑难知识点，为学生布置英语写作任务。然后再完成写作任务后，实施同伴互评反馈机制，让小组成员相互交换写作成果，阅读彼此的英语作文，提出文章中存在的问题与漏洞，并给出几点客观的修改意见。整个基于同伴互评反馈机制下的英语写作教学流程，大致可分为：教师掌握学生个体差异情况—深挖英语教材知识点——提出英语写作题目—学生形成初稿—学生自评—学生形成二稿—小组成员互评—学生修改—教师评改—最终定稿。在此过程中，高职英语专业教师在应用同伴互评反馈机制开展写作教学时，需要注意以下几点：要制定符合学生个体差异情况的互评反馈标准、细化写作评分标准、实施评改培训、根据学生学习情况组建学习小组、注重激励教学法的应用以及教学时效性的合理把控等。只有注意上述几点，才能确保同伴评价反馈机制的应用合理、有效，符合学生需求与英语写作教学规范。具体有以下三点。

1. 方法培训

学生在利用同伴互评的方法，对写作内容进行测评时，教师必须先对学生进行整体化培训，讲解同伴互评中的重点，然后通过案例的形式向学生解析每一步测评机制所存在的价值，同时在与学生探讨过程中应重点将易出现错误的环节进行分析，然后依托于现阶段写作内容，制定出合理的测评规则。例如，教师可以对部分句式用法词汇用法等方面，设定加分环节，然后可以通过小组活动之间的任务进度来对整个团队进行加分设定，这样便可有效提高学生在互评过程中的积极性。对案例进行分析时，教师必须全过程应用到自身所设定的原则，注意解读内容、互评过程中的重点，然后令学生以此类互评形式对内容本身进行检测，以此来提高实际测评质量。

2. 树立互评思想

同伴互评教学方法的引进是对传统课堂教育的一种突破，但从学生角度而言，在固有的应试教育体制下，学生自身思维已经形成一种趋于机械化的学习思想，这就造成同伴互评教学方法的引进，在学生学习思维中产生一种抵触的现象。与此同时，部分学生对于自身写作的作品，很大程度上是不愿意被别人评价的，这类思想将成为学生抵触同伴互评教学引用的重要阻碍，进而令后续评测过程中产生不积极的现象。对于此，教师在引导过程中，必须为学生树立正确的测评观念，依托于教学案例，对测评所起到的实际写作效应进行价值化分析，这样为学生树立正确的测评思想，以此来提高整个同伴互评在学生认知体系中的权重值。

3. 建设课堂氛围

传统英语写作课堂具有一定的成本性，学生只是单一地对内容知识进行书写，其无法有效形成一种基于主观能动性的学习情绪调节，这就造成整体课堂氛围呈现出一定的沉闷感。对于此，教师在引入同伴互评教学方法时，必须以学生为出发点，构筑出具有多元性、趣味性以及融洽性的教学氛围，令学生真正参与到同伴互评中，当团队内的某一位同学产生一定的兴趣，此类积极思想将带动其他同学进而产生一个良好的学习氛围。除此之外，当学生测评完整体写作内容时，教师则应对学生的作品以及同伴测评指标进行检测，然后提出相关意见，以此为学生树立正确的学习信息，令学生与学生在逐步测评与交互过程中达到同步提升的效用。

（三）应用策略

1. 同伴互评方法训练

首先，同伴互评施行的前提是学生与学生之间应具备一定的信任感，保证学生在对作品进行解析时，可以从主观与客观两个角度分析出写作内容中存在的问题，而不是以学生自身情绪的带入对整个写作内容进行情绪化解读。对此，同伴互评机制的应用，必须强化学生与学生之间的信任关系，令学生充分融合到整个测评机制中。其次，应针对学生在现有的写作内容测评环节中加深学生测评方法的训练，令学生真正了解到内容测评之间存在的价值以及原则，这样可有效保证学生在测评时，可以对内容进行重点分析，以此来强化学生与学生之间的沟通能力。此外，教师必须担任教学指导的角色，充分发现学生在互评过程中所存在的问题以及错误的测评思维，然后在学生与学生相合作的小组内起到一个协调作用，以此来避免学生在互评过程之间产生不信任的现象。最后，必须建立出较为精细的测评基准，从写作内容、写作结构以及词汇语言应用等方面，对每一类写作内容进行细分处理，且通过应用实例解析出评价形式，对整个写作内容所具有的价值属性，然后依托于写作层次的开设，建立出顶层与底层内容的对接，进而为同伴互评之间的评价基准提供数据支撑。

2. 组建同伴评价反馈组

首先，高职英语专业教师可通过新学期开学测试，确定班级学生的学习情况、基础知识掌握情况以及知识水平等，然后再通过组织开展班级主题会，与学生深入沟通和交流，了解班级学生的个性喜好与个体差异情况，便于为后续的同伴评价反馈小组构建，提供有效的理论依据。其次，针对学生个体差异情况，利用自身已掌握的相关理论依据，按照不同学生的需求与实际情况，将其合理的分为不同评价反馈小组，一组可设置3~5人，考虑班级人数过多可适当加重学生互评的负担，从而降低互评反馈效果，每组学习成员不宜超过5人。小组人数的组建，①可以宿舍为单位进行组建，这样有利于学习小组无论在课堂中，还是在课前写作中或是课后修改中，都有足够的时间进行充分交流与互动。宿舍间的学习小组成员也会因彼此之间比较熟悉，在相互评价反馈也更能够畅所欲言，不需要忌讳什么。②可引导学生自由组建互评反馈小组，这种小组组建方式可最大限度地与学生兴趣爱好达成一致，满足以学生为本的素质教育理念要求。但也有缺点在于容易导致互评小组出现学习水平分配不均等,难以提高彼此写作能力。此外,合理组建同伴互评反馈学习小组后,相关专业教师还应充分发挥自身引导者作用,为学生提供一些同伴互评反馈等常用词汇与专业术语,提高英语写作教学的水平与专业程度,尽量消除学生间存在的不信任感,提高同伴互评反馈效果。

3. 确定互评反馈执行标准

若想充分发挥同伴互评反馈机制在高职英语写作教学中的作用,就必须要针对英语写作教学内容,确定互评反馈机制的执行标准。因为一套好的同伴互评反馈机制建设,可有效帮助学生在英语写作过程中,找到自己的准确定位,了解自身英语写作能力都有哪些需要改进、哪些是自己的长处,发现自己和他人之间存在的差距,进而帮助学生后续的英语写作目标,促使其能够在后续写作中加以重视与改进。首先,高职英语写作教学中的同伴互评反馈机制建设,可分为两种,即表层的遣词造句和深层的主旨与连贯。鉴于此,高职英语专业教师应将同伴互评反馈机制的评价标准分为两个梯度,第一个梯度表层部分应将评价总分设置为50分,评价标准和内容为英语写作中的拼写错误扣3分;时态、固态、语法应用及句法固定搭配应用错误一个扣5分;名词的数与格式错误扣2分。第二个梯层部分应将评价总分设置为为50,评价标准与内容的设置,则应按照宏观层面进行设置,即观察英语写作内容是否紧扣主题,英语内容行文布置是否流畅,过渡句使用是否得当,以及作文中是否具有使用得当的高级词汇和创新用法等。前三者在互评中若是发现错误问题,应合理扣其10~15分,后者则应酌情提分,给予激励机制和表扬。

4. 强化高水平学生的学习促进效用

从高职学生的英语基础能力来看,大部分学生语言基础能力较弱,其在对写作时无法正确将自身对内容的感知通过语言形式进行表达,当此类问题延伸到学生中时,将产生高水平学生与低水平学生之间的差距。从另一方面来看,则是基础能力较差的学生,可以从内容互评过程中了解到基础能力较高的学生写作思想,而基础能力较高的学生则很难在基础能力较差的学生写作内容中收获知识,这样有可能降低基础能力强的学生参与兴趣。基于此,教师在应用同伴互评教学方法时,必须考虑到高水平学生自身对学习的信心以及整体学习方向,冲脱出固有的班级局限以及专业局限,在高职内开展英语写作活动,令高职内基础能力较强的学生群体对写作内容进行互相测评,这样在同等级的测评机制下,可以深度激发出学生对学习的兴趣。高职院校可以建构与英语写作内容为主的数据库,其可由英语题材英语视频以及各类音频、散文等构成,保证各类知识内容的建设,可以为学生提供指导意见，这样学生通过平台以突破传统课堂教学空间与时间的局限，真正利用碎片化时间，激发出自身对英语写作的热爱之情。在互评过程中，可以强化学生的认知能力，得出高质量的测评方案，并令其作用于基础能力较差的学生群体中，起到指引性作用，以缩减学生个体之间的学习差异，这样便可有效提高学生整体的英语写作能力。

总而言之，在高职英语写作教学中，若是能建设出机制合理、标准合理、内容合理的同伴互评反馈机制，促使其得以合理开展，不仅可全面提高高职学生英语整体协作能力，促进班级学生与教师在课堂中进行有效互动和交流，激发学生学习兴趣，调动其积极参与性，进一步营造和谐、轻松愉快的英语写作教学氛围；还可进一步提高高职英语写作教学质量和效率，减轻英语教师的工作压力与负担，达到双方互促共赢，一举多得的教学效果。因此，同伴互评反馈机制的建设，是每位高职英语教育工作者不可忽视的重要内容。

第四章 "互联网+"时代下高职英语教学创新模式

高职英语教学随着科技的进步也在不断变革。本章将具体阐述"互联网+""互联网+"时代下的高职英语教学以及"互联网+"时代下高职英语新型教学模式。

第一节 "互联网+"概述

一、"互联网+"的基本概念

第三方"互联网+"这一概念最早是由李克强总理提出来的，是当下一种新的经济形态，它不仅"新"而且变化快，为经济的改革、创新和发展提供了广阔的网络平台，将互联网及信息交互技术深入地渗透到各个行业各个领域里，从而演变出一种快速的发展状态。

"互联网+"是两化融合的升级版，通过互联网的信息化，来改变行业中传统老旧的理念，将现代化的技术作为核心发展特征。将工、商、农、金融业有机地结合起来，融入互联网服务当中。并且在这瞬息万变的信息资源中去创新，实现其行业的真正价值，因此"互联网+"被认为是创新2.0下的互联网发展新形态、新业态，是知识社会创新2.0推动下的经济社会发展新形态的演进。

二、"互联网+"的特征

"互联网+"有较为突出的六大特征：

（1）跨领域的结合。"+"就是跨领域的意思，代表改变，代表开放，代表融入。通过领域的横跨，就有了更多机会和更多的可能性，为创新打下了坚实的基础，信息的交互，带动了群体智能化，缩短了研发到产业化的路程。在"互联网＋"背景下，身份互换、更快更直接，从客户到投资人，从参与到创新，实现了快节奏的经济。

（2）驱动创新。中国的资源驱动方式早就步履维艰了，必须改变和创新驱动发展，这正是互联网所具有的特征。新型的互联网思维模式进行行业革命，能带来更好的经济效益。

（3）对行业结构的重塑。当下的互联网加快了经济的流行性，打破了固定的社会结构、经济体系、文化传播方式，为社会、为行业、为个人提供了很多的机会，在这个大熔炉中，行业规则、话语权都在不断地发生巨大的变化，"互联网＋"这样虚拟的社会治理跟现实传统的社会治理是不一样的。

（4）人性的推崇。对人性的尊重是科技发展、经济水平提高、社会进步、文明昌盛的基本条件，互联网对人性的包容性非常之高，给予了人性最大限度地尊重。

（5）高度的开放性。"互联网＋"生态特征非常重要，并且生态的自身特点就是开放性，人们大力地推进"互联网＋"的发展，其中很重要的一项就是将制约创新的部分撤掉了。将孤岛式的创新进行联合，给予努力创业的人们更多机会。

（6）为一切连接提供机会。"互联网＋"因为有着非凡的跨越性，所以可以将原本有差异、层次分明的事物连接起来。

第二节 "互联网＋"时代下的高职英语教学

一、"互联网＋"时代下的高职英语教学分析

（一）"互联网＋"时代下的高职英语教学劣势

1. 理论与实践设置比例问题

我国高职教育主要是培养实践型人才，这就意味着高职教师不仅仅需要在高职教育过程中教授专业化理论知识，还需要通过社会实践活动逐步培养学生的实践操作能力。现如今我国一部分高职院校依然存在"重视理论教学过程、轻视实践教学过程"的情况，一些学生无法在高职院校这一广阔的"舞台"上培养自身的综合学科能力。除此之外，还有一部分高职院校确实意识到了应用互联网信息技术的重要意义，但仅仅将互联网信息技术应用于理论教学的过程之中，没有兼

顾实践操作教学。高职院校理论教学与实践教学设置比例方面的问题依然比较突出。

在高职办学规模不断扩大的情况之下，高职学生的来源不断增加，使得学生的英语水平和能力参差不齐。且受到个人、家庭、社会、教育等多样化因素的影响，每个学生在性格、能力、水平、层次、思维等方面也会存在十分明显差异。但大部分的教师没有考虑这一特殊因素，而是简单地在英语课堂教学当中增加相关的口语练习和英语活动环节，要求学生进行参与和实践。若教师未能参与到学生实践过程当中，当学生出现问题时，难以及时地利用多媒体网络的方法对学生进行指导和引导。这将会极大程度降低英语实践的效果。有的教师会存在照搬照抄较为成功的英语实践活动现象，没有根据区域信息技术发展和学生特性进行调整，也没有科学地构建全新的英语实践网络平台。这将会极大程度降低英语实践教学的针对性、适应性、有效性。

2. 教师互联网应用能力不足

在搜集相关资料的过程中发现，有一部分高职教师并不能合理应用互联网信息技术以及其他的现代化教学技术，依然采用比较传统的"黑板式"教学，从而导致互联网信息技术无法真正融入高职教育具体教学过程中。高职教师无法准确意识到应用互联网信息技术的重要性与必要性，依然采用较为传统的高职教育方法以及教育模式。甚至有一部分高职教师不愿意做出改变，依然顽固地认为传统课堂教学方法具有极强的适应性，高职教师应用互联网信息技术的能力有待提高。

在"互联网+"时代，人们的需求和行为轨迹都可以通过互联网技术和大数据平台分析出来。由于不同的学生有不同的学习需求，英语教师可以通过使用互联网技术了解不同学生的学习需求，改进教学方式方法，从而丰富教学内容，提高学生学习积极性。但就现状而言，英语教师目前还没有使用互联网技术来对学生的学习需求和兴趣进行一个剖析，制定针对性的教学计划就更谈不上了。目前，英语教师的教学网络的学习能力还不是很高，高职院校需要积极开展提高教师现代教学技能的活动。

3. 互联网教学接受度较低

现阶段，高职学院英语体系中，教学方法和教学观念都相对落后。对于新的教学设备和学习渠道，教师的接受以及认可程度相对较低。因此，在大数据背景下，高职英语教学改革应抓紧时间改变英语教师的认识与观念。由于我国的教育事业深深依赖于考试成绩，很多人对于教育只注重学生试卷成绩，却忽视了最重要的东西，那就是教学活动的活跃度与趣味性。英语课堂氛围相对较低，教学模式老旧，已不能满足当代高职学生学习英语的需要。目前，教育现代化和媒体改革的效率低下，究其根源，是因为对于英语教育现代化改革，英语教师和学生两个重要参与者对其都认识不足，这直接导致了英语教育现代化改革无法充分实现其效益，也无法体现其优势。

（二）"互联网+"时代下的高职英语教学优势

1. 转变英语教学理念

在"互联网+"时代下，高职教师需要结合互联网信息技术逐步完善高职教育的具体内容、具体过程。在传统的高职英语教学理念之下，教师只注重对学生理论知识方面的教学，而忽视了实践教学。毕竟高职英语的教学内容不仅仅在于课本之上、教材之中，还应该存在于学生的实践操作过程之中。高高职院校需要结合自身的实际情况逐步培养技术型人才。这就需要高职教师结合高职教育的具体要求，逐步转变传统的教育教学理念，坚持贯彻立德树人教育教学理念，将理论教学与实践教学结合起来，通过更加先进的教学理念引领各种教学活动。高职教师可以选择与互联网先进的教学思想进行融合，逐步丰富高职英语的各种教育理念。着重推进现代化的高职英语教育教学理念，深入贯彻落实立德树人教育教学理念，并以此为基础逐步引导高职英语教育课堂教学活动与实践教学活动，逐步培养高素质、高水平、高修养的应用型人才。

2. 转变英语教学方法、形式以及模式

在"互联网+"时代下，高职英语教育的具体教学方法、形式以及模式应发生深刻变化。虽然传统的英语课堂教学方法以及课堂教学模式依然有存在的意义和价值，但是互联网信息技术的快速发展必定会对高职英语教育教学方法、教学模式产生更加深层次的影响。高职教师应紧紧跟随互联网信息技术发展的脚步，着力改进自身的教学方法，逐步调整高职英语教育的教学模式。高职教师要利用互联网信息技术帮助学生学习英语学科知识以及专业化理论知识，利用多媒体教学设备、投影仪设备或者是其他现代化教学设备，逐步引导学生深入理解各种学科知识。高职教师可以选择利用互联网信息技术逐步丰富英语课堂教学手段，可以利用互联网信息技术设计教学思路以及教学内容。

互联网信息技术融入高职英语教育之中，不仅可以进一步丰富高职英语教育的具体方式，还可以通过现代化的计算机设备以及相关多媒体设备逐步完善高职英语教育课堂教学的具体过程。学生可以通过互联网信息技术充分理解相关的课堂教学内容，可以利用互联网信息技术或者是相关计算机设备查找学习资料，丰富自身知识体系。利用互联网信息技术逐步改进高职英语教育教学方法、教学形式以及教学模式并非一朝一夕就能完成的，需要高职教师意识到互联网的利与弊，充分发挥互联网信息技术的技术优势，进而发展线上教学模式。随后再将线上教学模式与线下教学模式进行深层次融合，逐步引导学生通过线上教学学习英语理论知识。再通过线下教学学习英语实践知识。线上教学与线下教学的结合是理论教学与实践教学相互结合的具体途径之一。

3.丰富教学课堂内容

在"互联网+"时代教学背景下高职英语教学，英语教师可以通过互联网中的各种素材，在教学过程中丰富英语教学知识内容，提高学生上课效率。网络英语教学与传统教学活动相比，更富有多样性，这是因为网络英语教学知识资源包含世界各地优秀教师团队开发的优质英语教学课程。就现有英语教育而言，学习资源、时间与地域限制了它的发展。而"互联网+"时代的到来打破了这一瓶颈，通过互联网，学生可以轻松获取自己所需要的学习资料。将互联网技术融入英语知识教学中，可以有效打破学习资源时间与地域限制，有利于丰富学生的英语知识储备，有利于进行英语知识共享。与耗费过多的资源与人力的传统英语教学相比，现阶段英语教育可以通过互联网知识共享，降低内容制作成本，从而使英语教学的应用性得到进一步提高。

4.提升英语教学环境

高职的英语教学环境包括几个方面：教室空间、教师和学生之间的关系、教学质量和课堂环境等。对高职的英语教学进行改革需要通过建立一个英语学习平台，使课堂教学气氛更容易、更有趣。允许学生选择适合其学习需求和兴趣的英语课程。在"互联网+"时代背景下，高职英语教学改革就是将枯燥的英语课堂通过使用幻灯片等手段变得生动起来，激发学生的学习兴趣。新的英语教学模式的宗旨是通过在网上提供一个良好的学习环境，从而增加师生、生生之间的互动，鼓励师生、生生交流学习经验。

5.提高教师专业化教学能力与职业素养

近年来，更加先进、更加多元化的互联网信息技术快速发展，需要逐步提高高职教师使用互联网信息技术以及其他现代化教学技术的能力。在"互联网+"时代下，高职教师必须要逐步提高自身的实践教学能力。首先，高职英语教育不应仅在课堂之中，更应该在实践的具体过程之中。因此，高职教师必须意识到实践教学的重要性，随后结合互联网信息技术探索更加具有针对性与实用性的英语实践教学方法。其次，高职教师可以利用课余时间或者是休闲时间参与相关职业教育活动或者是教学实习活动，可以积极参与到互联网信息技术应用大赛、教学技能大赛之中，或者是积极与其他高职院校优秀教师之间进行经验交流与方法交流，通过学习、交流、借鉴、比赛等方式，逐步提高自身的教学水平，并以此为基础进一步提高自身的专业化教学能力以及职业素养。最后，高职教师可以通过计算机设备自主学习相关专业化理论知识，或者是通过互联网教学逐步完善课堂教学具体内容，逐步开阔教学视野，进一步完善自身学科教育知识体系，以便为学生提供更加多元化、更加丰富的教学内容。

面对互联网信息技术的快速发展，高职英语教育应该适当融入互联网信息技术的诸多有益因素，逐步整合高职教育的有益资源，进而为培养高素质、高水平的英语人才提供支持。互联网信息技术的确为高职英语教育提供了全新路径，高职教师需要结合互联网信息技术的发展过程，紧随互联网时代发展的脚步，进一步优化高职英语教育课堂教学的全过程。

二、"互联网+"时代对高职英语教学的作用

（一）有助于英语教学效果的提升

尽管近年来我国的高职院校已经采取了一些有针对性的措施来提高英语学习成绩，但总体结果并不令人满意。从应用型人才培养的角度对高职英语教学进行改革，使教学方法更加多样化，打破传统教学方法的束缚势在必行。高职教师要针对本学科的学习特点，采用行之有效的训练方法，这不仅可以有效激发学生的学习兴趣，还可以提升教学效果和人才培养的质量。从社会对英语人才需求的角度出发，英语教学的改革侧重于应用，这意味着教学过程中，教师要着重于语言这门学科的行之有效的学习方法和技能的训练，从而保证英语的教学效果，而不是参照考试结果和死板的教学内容。

（二）有助于学生综合素质的提升

"互联网+"时代下的高职英语教学有助于提升高职学生的整体素质，提高学生的语言应用技能和提升语言文化素养。从应用型人才培养的角度来改革英语教学，在英语教学中贯彻和实施应用型人才培养的概念，其多功能性更加明显。在这种培养目标下，学生不仅可以充分学习、培养和练习各种技能，而且对于学生自身的全面发展也具有重要意义。同时，从应用型人才教育的角度出发，对高职英语的改革不应再侧重于学生的应试表现，而是要更加注重学生的自我创造和

自我技能的提升，提高他们的综合能力，这对于提高学生的综合素质至关重要。

（三）有助于英语人才需求的满足

随着我国社会的不断发展，社会及企业对英语人才的需求逐渐增加。他们不仅必须具有足够的专业理论知识，而且还必须在各个方面对专业技能性提出更高的要求。这是目前高职英语教育和语言教学活动的重要方向。因此，"互联网+"时代下的高职英语教学可以对现有的教学模式进行创新和优化，针对学科特点和学生个性特点有的放矢地进行针对性训练，不仅可以提高学生的英语专业水平和技能，还可以更好地满足当前社会对英语人才的需要。

（四）有助于英语学习兴趣的提高

高职英语的教学现状主要是"教师难教，学生难学"的状态，究其原因还在于传统教学的单一性导致学生失去学习英语的兴趣，使得教学效果并不理想。教师一味地讲解课文和语法知识，培养学生书面阅读理解和写作的能力。这种一成不变的学习流程和学习重心导致学生学习兴趣较低。随着国际化交流活动不断地出现，英语交际能力的提高显得尤为重要，显然目前这种传统单一的教学模式以及教学侧重点已经不能够完全适应当前高职教育的发展需求。而"互联网+"教学的运用不仅为学生营造了一个更轻松活跃的课堂氛围，这种学习氛围更能激发学生学习英语的兴趣。由于"互联网+"教学是集音频、视频和图片等多种媒介为一体的信息传播模式，有利于更好地激发学生的多种感官，给学生带来一种全新的学习体验。学生也会切实感受到学习英语的乐趣所在，由被动学习改为主动学习，学习的积极性和主动性明显提高。

（五）有助于英语综合能力的提高

学生获取英语知识的渠道主要来源于教师讲授的课本内容，而课本内容一般都偏重于语法知识点方面，比较枯燥乏味，很难引起学生的学习兴趣。而引入"互联网+"教学之后，不仅为教师提供了更多的教学素材，也为学生提供了更多获取英语知识的途径。高职英语课程在我国高职教学工作中占据了很重要的位置，"互联网+"教学手段的运用推进了高职信息化教学进程，对于提高学生的英语综合能力大有帮助。

第三节 "互联网+"时代下高职英语新型教学模式

一、教学模式的含义

"模式"是指研究对象理论层面的逻辑框架。教学模式作为独立概念提出已经有40年历史。教学模式是设置课程、设计安排教材并指导教学的计划或范式。或者是辅助课堂教学的一种工具，教学模式具体表现为一系列精心设计安排的概念，主要阐述课堂中教师和学生的教学活动和相互作用，运用教学资源，以及师生交互活动对教学内容的影响。国内关于教学模式的概念界定大致分为理论说、方法说、程序策略说、结构说。理论说认为教学模式是简化理想教学活动形成的理论框架，针对教学活动阐述各大要素的关系；方法说认为教学模式是包含教学目标、内容、教学组织形式等操作样式的教学方法；程序策略说认为教学模式是基于教学理论和思想为指导的教学程序或实施策略的比较稳定的综合体系；结构说认为教学模式即体现教学思想、理论的一种教学活动理论框架，包含特定的理论思想、教学目标与任务、活动与程序、教学方法等。

二、高职英语教学模式的改革策略

（一）定位教学课程体系

现阶段，高职在培养英语专业人才方面，通常只会关注学生英语基础知识的掌握情况，如学生掌握英语语法的熟练度以及英语基础词汇量等，或者通过记录学生专业四级、专业八级的通过率来判断学生的英语学习水平。体现在课程设置上，很多高职设置各种口语课、语法课、听力课等。但是针对企业的用人需求，却不一定能够完全符合，各种英语证书只能视为学生英语学习能力的重要标准，但是却不能和将来的实际工作效果等量齐观。例如，就算一个学生有专八、托福、雅思等证书，到了外贸公司工作，也可能无法在短时间内掌握各类行业内专有名词，而涉及具体翻译工作，也无法用常规专业书进行参考。这就需要高职立足校企合作要求，对教学体系和教学内容进行改革，防止高职英语人才在企业中遭遇冷场。

在校企合作背景下，高职与企业可以共同培养学生，在开设英语专业基础课程的基础上，使学生多涉猎和工作实践有关的课程，从而达到高职和企业的无缝衔接。这样做的好处，既可以令学生有扎实的理论基础，也能全方位拓展自身英语能力，还能对企业运营流程，建立基本的认识。基于此，高职英语教学应致力于教学模式的改革，不再拘泥于英语语法和词汇教学，而是站在企业用人角度，进行教学体系的重新定位。

（二）改革英语教学方式

高职英语教学方式大部分都是照本宣科，学生无法对相关英语知识形成更加直观的理解。因此，高职英语教学更应当重视教学方式的改变，令学生感到耳目一新，可以通过模拟教学、角色扮演、线上线下相结合等不同的教学方式，充分发挥互联网资源共享的优势，搭建现代化的英语教学平台。例如，教师可以在课堂上，让学生模拟相关情境，自己准备材料，作为一个实践任务来完成相关教学，进而充分调动学生的学习积极性。学校也可以举办有关的教学活动，例如演讲比赛，英语周等活动，从高职中选拔出潜在的英语人才，在学生群体中树立标杆，从而使学生学习更有方向，更具针对性。

（三）完善教学师资力量

各种新型教学模式的实践和教学效果，需要教师灵活发挥。基于此，对学校而言，应将师资队伍的建立和完善工作置于首位，通过外部招聘或内部选拔等方式，在教师群体中形成良性竞争，实现教师教学水平的提升。学校应当拓展各方面渠道，创造本校教师外出学习，或其他校教师来校交流的机会，加强相关教研专题的讨论研究，为教师和专家、教师同仁之间的交流创造机会。另外，在师资团队扩充方面，一定要和社会发展的脉搏充分适应，不能为了改变而改变，以免成为空中楼阁，和完善师资力量的初衷背道而驰。学校可以从制度上，对教师的各方面能力进行考察，考察教学模式的转变以及学生实践能力的提升，令教师有一定紧迫感。教师应当了解当前社会发展的特点，以及本校学生和社会所需的英语人才的差别，从而对现有教学模式做针对性调整，以保证学生能够学以致用。

（五）扩充英语教学资源

英语教学同样需要与时俱进，这就需要教师重视教学内容的不断更新，不能落后于时代发展。结合当前信息技术的飞速发展，可以从网络资源入手，进而构建新型教学模式，提高学生的实践水平。在实际教学中，教师可以调用经典案例，和英语教学热点相结合，拓展学生的视野，有效结合理论和实践，令学生将知识融会贯通。教师同时还要善于总结教学案例，明确学生的核心需求，提高教学内容的针对性。

三、"互联网 +"时代下高职英语新型教学模式示例

在大数据时代的背景下,"互联网 +"等新概念的出现,催生了新的教学方法的实践。作为一种新颖的教学模式,翻转课堂模式应运而生。翻转课堂模式是一种新型的、有效的教学模式,颠覆了传统的课堂讲授和课堂作业。教师提前进行教学设计、创建视频,以便于学生在家中或课外观看视频进行学习。除此之外,学生和教师在课堂上也需要直接交流,以便教师能更好地了解学生之前的自学情况并且为学生答疑解惑。在翻转课堂中,学生积极思考,积极参与课堂讨论。在西方国家,20 世纪 90 年代初开始尝试翻转课堂,并被应用于许多学科,其中大多是跟自然科学学科有关。中国在过去的几年里引进了翻转课堂教学,许多高职院校将其应用到日常教学中。翻转课堂作为当今最流行的教学技术,已经无处不在。

(一)翻转课堂教学模式

1. 翻转课堂教学模式的基本概述

(1)理论背景

翻转课堂被定义为一种现代的课堂教学模式,教师首先将所要求的文本知识转化为视频,然后向学生展示教学目标,让学生在家或课后观看视频。对以往高职英语教学思想、教育模式和评价体系进行了相应的调整和改革,从而在很大程度上使英语教学模式变得个性化、协调化、超文本化,旨在提高高职学生的主动学习能力和英语水平。

尽管我国教育部门和各高职为实现这一目标付出了巨大的努力,但在高职英语教学中仍然存在许多问题,如教育信息的输入和吸收等。中国高职英语的教学主要依靠教师的讲授,课程内容庞杂,课时短。为了完成教学内容,教师忽视了和学生之间的互动,导致课堂气氛枯燥、学生参与度低。在中国社会,学习英语最大的不便就是缺少语言氛围,而且高职教师的文本语言内容和活动脱离了学生的现实生活。这样,教学内容就不能帮助学生进行日常交流和写作,导致他们对英语学习失去兴趣。传统高职英语教学注重的是课堂讲授,而对于翻转课堂来说,知识的内化更加重要。翻转课堂把学习的主动性交给了学生,学生需要根据教师发布的教学资料合理安排自己的学习,翻转课堂更有利于学生主动构建知识体系。

（2）理论介绍

"同伴指导"的教学方法，即学生在课堂上完成作业，在家里完成授课。这种教学方法主要是给学生一个主动提问的机会，而不是被动地接受，从而使学习更有活力。同伴教学可以促进知识的内化，从而可以再次提高学习的准确性。对于翻转课堂来说，原本应该在教室里进行的活动被移出了教室，而课堂活动转向了课外活动。老师进行好教学设计，制作好视频之后，学生随时可以观看自学，时间比较灵活，而教师可以通过网络信息反馈了解学生的学习状态。

对于中国翻转课堂的应用来说，它涵盖了职业教育、高等教育、非学历教育、企业培训等。对于学生来说，利用网络学习是可行的，他们有很强的自学能力。此外，高职里有许多高技能的学者，他们善于从事新技术和新思想的研究，进而实现翻转课堂在高职课堂中的应用。毫无疑问，翻转课堂的研究将越来越受到重视。在这种趋势下，高职英语的教学有可能利用翻转课堂来取得更好的成绩。

（3）基本内涵

翻转课堂这一概念最早源自于美国，近年来在我国也有一定的应用。"它采用课上、课下相结合，多种教学手段相融合的方式"，认为新知识的习得过程应该放在课堂之外，由学生在教师的指导之下借助一定的学习工具独立完成，而课堂则应该是学生在课堂之外习得新知识后，对仍然领悟不了的、需要教师指导的新知识进行学习的重要学习场所。

翻转课堂的教学模式不同于以往以教师为主导的传统课堂，翻转课堂更加强调学生在课堂中的主体地位，其授课方式也与传统课堂有所区别。具体来说，翻转课堂鼓励教师提前布置课堂学习任务，让学生在课堂开始之前完成教师布置的课堂任务。那么，由于学生在课前已经提前预习过了，课堂效率也可以得到大大提高。翻转课堂虽然是提前布置好学习任务让学生提前学习，但是教师会根据学习任务的不同，在考虑学生以往掌握知识的情况的基础上，合理配备相应的学习参考资料让学生进行学习。经过这样的学习步骤，接下来的课堂时间完全可以被学生充分利用。学生带着预习中借助学习资料仍然解决不了的疑问请教教师，通过教师最直接、最有针对性的讲解，在不知不觉中大大提高自身的学习能力，即发现问题、思考问题和解决问题的能力。

2. 翻转课堂教学模式的实施步骤

安排好实施步骤对有效实施翻转课堂教学至关重要，根据翻转课堂在实际教学中的应用，翻转课堂的实施步骤可以总结为以下三点。

（1）课前设计

教师仔细研读教材，做好教学设计，录制创建视频，也可以从一些教学网站上找到合适的视频教学资源，作为自己的课程教学内容。然而，开放教育资源可能与课程目标不完全一致，教师自己录制视频可以减少上述问题。同时，教师可以根据学生的实际情况提供不同的教学材料。

（2）课堂设计

根据建构主义，知识的获取是指学习者在一定的语境下实现内涵建构的过程。因此，教师应充分利用语境、对话等要素提高学生的参加度并实现知识的内容。录课视频应确保学习内容并充分呈现给学生，要对学生有吸引力。除录制视频外，教师应提出各单元的设计目标，总结教学重点，设计好课堂讨论问题。教师可以从课程内容、学生看视频的情况总结出学生存在的问题。同时，教师应根据本次课的教学目的及重难点设计讨论问题，并且设计的问题要考虑到学生的可接受性，教师应充分利用语境、协调、对话等因素，提高学生的参与率，完成所学知识的内化。

（3）课后反馈和评估

在翻转课堂教学模式下，评价由教师和学生自己来完成。教师可以通过测试、问卷调查了解学生的学习情况和学习效果，尽可能从多方面实现客观的、整体的评价。在评价的过程中，多进行交流，多鼓励学生，同时指出学生在学习过程中的不足之处。学生也可以根据对知识重点和难点的掌握及作业完成情况对自己做出评价。教师评价和学生自评结合在一起能更好地反映学生的学习成效。

3. 翻转课堂教学模式的不足

翻转课堂对传统课堂教学模式来讲是一种颠覆性的存在。在翻转课堂上，学生成为学习的主人，教师则根据学生的学习需求给予一定的辅助。在高职英语教学中，翻转课堂模式的应用逐渐受到重视，但是在传统教学模式与现代教学模式交替的过程中，必然会出现一定的问题。根据高职英语教学实践来看，其中存在的问题主要表现为以下三点：

第一，课前教学准备不足。在高职英语的翻转课堂设计中，教师需要通过制作教学视频供学生课前观看学习，同时为保证教学过程达到预期目的，教师还应设计配套评价方案，检测学生学习效果。但是，录制视频的工作量巨大，且其中需要运用各种制作技术技巧。一些教师的专业性不足，难以为学生提供优质的教学视频，影响了学生课前学习效果。此外，学生在课前准备中缺乏参与感，对于教师提供的教学视频和资料缺乏认同感，不愿意参与到线上互动中来，对课前需要自主完成的任务也是敷衍了事，难以达到理想的教学效果。

第二，课堂教学实践中学生自主学习效果不佳。在翻转课堂上，学生依然是教学的主体，教师需要依靠学生的力量完成各项实践活动。但是，从高职英语翻转课堂的实践效果来看，多数学生的主体意识不够，还有一些学生并不知道在翻转课堂上应该做些什么、应该怎么做。例如在"Do Advertisements Play a Positive or Negative Role in Our Society？"这一主题的课堂上，教师利用微课为学生提供了几个参考观点，并将学习的主动权交给学生。但是学生讨论的情况并不乐观，学习内容也过于单薄，无法充分展现自己的观点。这样的教学状况无法凸显学生的主体地位，影响了教学效果。

第三，课后教学反馈环节缺失，学生的教学评价过于单一。教学评价对学生的学习过程和学习结果具有改进、激励作用。在高职英语的翻转课堂上，教师对于教学评价的创新十分有限。在教学评价中，教师没有及时考察到学生课堂表现出来的差异性，难以激发学生参加课堂教学活动的主动性；教师忽视了学生学习过程，忽略了教师对学生的学习方法和过程、情感与价值的培养；此外，单一的评价方式不能满足翻转课堂中对个别化与个性化的需求，学生的语言表达能力、合作精神及自信心在评价中也得不到充分的体现，影响了学生能力的进一步发展。

4. 翻转课堂教学模式的优势

高职英语这门课程在高职英语教学中占重要地位，主要涵盖听、说、读、写、译五个方面。作为非英语专业高职学生的必修课程，要想让高职学生们产生兴趣，更好地掌握这门课程，真正实现其教学目标，就需要教师创新教学方式，提高教学效果。如果将翻转课堂教学理念引入高职英语课堂教学环节，这种"颠覆以往教学方式的新模式势必会为高职英语教学活动注入新的活力"。

第一，教学方式新颖，激发学生学习兴趣。传统课堂对于学生而言缺少新鲜感，因此，需要引入翻转课堂的教学模式，结合实际教学场景，在上课之前分发相关教学材料，让学生根据自己的实际情况，安排好预习任务。这样使得学生在课堂上学习新课之前，结合教师分发的学习材料，借助词典、网络等学习工具，培养自己对于高职英语相关学习材料的收集、思考能力。这一过程既培养了非英语专业学生对于英语语言的思考能力，又使得他们对于新课内容不会感觉过于生疏、影响学习。同时，也可以提前解决非英语专业学生在学习高职英语阅读材料过程中可能出现的文化差异等问题。那么，在课堂上，教师可借助与课文内容相关的多媒体或其他视听说材料，适时播放反映西方文化、语言的音频和视频，从侧面激发学生对于探索高职英语课的兴趣。这样可以在强化学生对阅读材料等理解的基础上，进一步激发学生的学习兴趣。

第二，综合考虑学生差异，提高高职英语课堂效率。在传统教学模式中，教师需要在有限的课堂教学时间内完成一定的教学任务，而高职英语的课堂教学环节，涉及听、说、读、写、译等，往往复杂、紧凑。如果在高职英语课堂中引入翻转课堂的教学理念，那么教学中可能遇到的这些问题，则可以得到有效解决。首先，翻转课堂教育理念下的高职英语课堂中，教师会提前布置好与课文内容相关的材料甚至讲解视频，学生通过观看、研究相关的学习视频、材料，更好地融入外语环境中，从而全面把握新课内容。同时，在自学环节中，学生会发现一系列英语学习相关问题，诸如长难句的理解、阅读背景材料的剖析，甚至某些短语、单词的用法等，上课时便可以充分、有效地利用课堂时间，结合自身实际学习情况，有针对性地在课堂上请教教师，及时解决在学习中遇到的各类问题，从而提升高职英语学习的效果。对于一部分学习基础不好的学生而言，他们可能会困惑于某些单词不会读、某些篇章不理解等。翻转课堂理念的应用可以使学生将课堂没有弄明白的这些问题，在课下不间断地反复研究学习材料，从而达到理解、领悟的学习目的。而教师通过对学习材料的提炼精选，在课堂上有针对性地答疑解惑，可以更加贴切地了解学情，从而高效地帮助学生整理、归纳、记忆高职英语学习中出现的疑难点。其次，教师可以通过设置各种活动让学生切实参与其中。比如设置好课前活动作业，以团体表演、演讲等形式展示出来。这种活动要比传统课堂课前任务中简单的人物介绍难度更高，也更加具有挑战性。教师也可以更多地对学生英语学习活动进行指导，给予学生更多的实践性建议，及时为学生提供帮助。

第三，顾全学生需求，听取学生反馈意见。为了增强高职英语课堂的趣味性，在翻转课堂教育理念的指导下，任课教师一般会不断选取与课文背景相符合的音频和视频等学习材料，调动学生的学习兴趣。在展示相关学习材料时，教师还会考虑到学生对于所选英语学习材料的可理解、可接受程度，突出英语学习材料的趣味性和实用性，使其更好地为学生的课前预习服务。需要强调的是，教学评价与学习反馈应当作为翻转课堂教学的一个重要程序来实施。教学评价的对象和学习反馈的对象既包括高职英语任课教师，也包括上课学生。真实科学的教学评价与学习反馈一方面能够在评价中促进自身教学技能的提升与改善，另一方面也可以让教师及时改变教学策略，在下一步的教学活动中发挥出优点，改进自己的不足，从而不断提高英语教学的效果。比如在高职英语的教学中对学生的学习效果进行评定时，既要对学生课前预习完成情况、课堂教学活动的参与度以及课下作业完成的质量进行评价，还要对学生进行单元、期中和期末测验，将学生的自我评价、同学评价与高职英语教师的评价相结合。

5.翻转课堂教学模式的运用策略

（1）创设科学合理的教学流程

要想高职英语翻转课堂教学能够顺利开展，那么首先应注重规划好教学流程。

例如：高职英语教学的流程可以分为英语知识课前预习、授课过程中英语知识的理解和巩固、课后知识点复习三大板块。第一，课前知识点预习从根本上来说就是运用信息技术，来辅助学生自主学习基础知识的过程，因此教师可以根据英语知识内容，利用信息技术手段来制定 PPT 和视频等，应能够对学生起到初步认识教学知识点的目的。第二，在教授该知识内容时，教师可以根据教学内容创设一些相应的问题，从而使学生能够带着相应的问题，对于教学内容展开思考。并且教师应说明教学任务，以便课堂教学中的互动能够顺利有效地开展。课堂教学过程从根本上来说就是需要能够达到将知识内化巩固的目的。教学过程中教师可以采用小组分组讨论和情景模拟，以及案例分析等多样性的方式来完成相应的教学任务，让学生能够对教学充满兴趣，促进学生能够充分参与到课堂教学中去，并增强学生学习的体验感，也有助于促进学生的学习能力。第三，课后知识点复习环节能够起到有效巩固知识点的作用，不过要是这种巩固作用只存在于作业形式，那么可以将其放在课堂教学的结尾，从而节省学生的课余时间，也能够方便学生遇见不理解的问题能够及时请教老师。同时也可以在课后进行知识点复习，那么就需要教师能够为学生布置一些具有启发性的作业，从而将能够在一定程度上调动学生学习的积极性和兴趣。

（2）转变传统的教学内容

在高职英语教学中，在新课改制度的逐渐深入下，对于高职英语教学方面也提出了相应的要求。但是在许多高职学校中，运用的依然还是传统的高职英语教学内容，在这种教学内容的影响下，将使课堂教学氛围处在枯燥乏味的状况下。那么在这种教学形势下要想充分发挥翻转课堂的作用，应将每部分的教学内容都加以创设使其更加生动有趣。

例如：在高职英语教学中进行课下新知识自学时，就可以选择更加具备趣味性的教学视频设计，并且应使设计具有参与性的教学任务，以便能够将新知识点做到清晰明了的讲述。另外，在指导学生时一定要注意知识点的记忆和理解的有效方法，以便能够在最大程度上提升学生的自学效果。并且针对知识点应设置多个反思环节，为学生主动思考提供有利条件，并不只是简单的记忆表面内容，避免降低知识的理解和记忆的效率和质量,进行有效的主动思考能够对提升知识点的记忆效果起到助力作用。同时在教学过程中,在讲述教学任务和重难点时,并不应只为学生死板的传授教学知识,而是应更加注重师生之间的互动,在这样的教学氛围下将有效吸引学生的注意力。根据教学内容多摄取一些相关的英语知识,对学生学习的英语知识进行拓展,特别是应融入一些对于高职学生今后有所帮助的职业能力,和社会市场适应力等方面的知识点。并且还应注意重视高职院校中,不同专业的学生对于英语知识的学习能力,从而针对存在的问题应积极探索出有效的解决办法,以便能够有效促进不同专业学生对于学习英语的兴趣和积极性。在教学过程中教师应注重师生间的互动和沟通,只有在教师充分了解学生的兴趣或爱好后,才能够创设出适合他们吸收的教学素材。如可以定时开展以关心学生为话题的活动,就能够起到调动学生讨论的兴趣和积极性的目的,并有效训练英语知识发挥寓教于乐的教学效果。

(3)运用多元化的教学手段和资源

高职院校教师要想有效运用翻转课堂的教学模式,开展英语课程教学时,应主要注意运用多元化的教学手段和资源开展英语教学。将多元化的学习资料和翻转课堂教学相融合,需要教师根据学生学习的教学任务创设和拓展更加丰富的学习资料,并构思课堂教学活动使其更加具备创新性,通过这种教学情况,教师能够将多元化的教学元素和翻转课堂的教学模式相融合,使其在高职英语教学中发挥充足的作用和意义。

(4)注重采用分层式教学

因为在翻转课堂中需要根据学生的差异性,来开展教学和教学评价等。所以在进行教学的处理方面时,不管是内容或形式还是学习成果评价等,都要根据学生自身的情况进行差异处理。并且教师还应注重自身的职业素养,因为高职院校的英语教学中,还会涉及职业英语的相关内容,并而还能够在一定程度上巩固学生的职业能力以便能够做出相应的差异性评价。

6.翻转课堂教学模式的教学实践

根据翻转课堂模式的基本要求,在高职英语学习指导中,教师应对课前、课堂、课后三个阶段进行合理的调整与优化,为学生提供丰富的教学资源,创造自主学习空间,促进学生的全面发展。具体来讲,在高职英语教学中,教师可以从以下三个方面实现对翻转课堂模式的构建:

第一,在课前阶段为学生提供教学资源,引导学生自主学习。在"互联网+"背景下,教师在课前准备教学资源的过程中获得了更加便捷的条件。教师可以采取自行制作和互联网资源收集等不同的渠道获取资源，支持学生的课前学习。在自制教学资源的过程中，教师要根据写作教学目标和内容整合资源，并提出具体的、可量化的教学目标，以确保课前教学准备、课中教学实施以及课后教学评估的相互衔接；教师还应重视内容形式的创新设计，充分利用信息技术和多媒体技术进行视频制作以及图像汇集，体现教学资源的动态性，为学生提供清晰的指导，同时也能够增加内容的趣味性和生动性。此外，教师还可以利用课前写作教学资源，为学生提供针对性的练习。教师可以为学生提供各种范例，明确不同的格式和规范，要求学生根据要求进行练习，并将作品上传至学习平台，教师基于此检验学生的课前学习成果，同时优化课堂教学重点内容。

第二，在课堂阶段指导学生交流问题，促使学生开始学习。在教学实践中，教师应抓住以下重点内容对学生进行指导：①确定教学的问题，即教师在课前准备各种教学资源的目的都是为了让学生能够更好地掌握学习要领，更好地实现课中知识的内化吸收。在翻转课堂实施过程，教师也能够利用技术手段让课堂更加灵活，促使学生领悟、消化、吸收核心知识。②组织学生独立思考、设计教学方案。翻转课堂对学生的自主性和独立性的培养具有显著优势。在课堂教学中，教师要有意识地指导学生独立思考，通过自主探究完成对课堂学习资源的设计。③组织学生合作交流。学生通过小组讨论，自主地研究之前独立思考和研究的问题，在组内发表自己的观点。可以让学生发现自己在写作中思虑不全、结构不完整或者语言基础不扎实存在错误等问题。针对此，教师应引导学生通过组内合作纠正这些问题，促使学生个体在小组合作中完善学习方案。④指导学生独立完成学习并交流成果。在翻转课堂的最后，教师要将教学的重点落在内容的呈现上。教师为学生预留时间，要求其根据各自的计划学习；然后组织学生在组内进行交流，彼此之间相互学习，教师从各小组随机选择组员展现作品，并进行集体点评，实现更大范围的成果交流。

第三，在课后阶段进行反馈评价，指导学生利用教学资源进一步巩固学习成果。在翻转课堂模式中，学生的课后学习也需要线上教学资源的支持。在教学中，教师一方面要将课堂教学内容制作成视频文件，上传到教学平台，让学生了解自己在课堂上的表现，回顾课堂学习过程，反思自己在学习中存在的问题，并获得相应的教学评价；另一方面，则利用互联网的开放性，为学生提供更加广泛的交流空间，围绕学习主题为学生提供多元化的课程资源，支持学生的拓展学习。

（二）混合式教学模式

1. 混合式教学模式的构建原则

结合"为贯彻党的教育方针，落实立德树人的根本任务，为培养学生学习英语和应用英语的能力，为学生未来继续学习和终身发展奠定良好的英语基础"的课程总目标，高职英语混合式教学模式需遵循以下原则。

（1）立德树人，育人为宗

2018年的全国教育大会强调"育人之本，在于立德铸魂"。党的十九大报告明确要求"全面贯彻党的教育方针，落实立德树人根本任务，发展素质教育，推进教育公平，培养德智体美全面发展的社会主义建设者和接班人"。课程育人、实践育人和文化育人是实现立德树人的有效维度和路径。

课程教育是立德树人的重要途径，《高等职业教育专科英语课程标准》（以下简称《课标》）明确提出发挥英语学科的育人功能，将课程内容与育人目标融合，培育和践行社会主义核心价值观，引导学生拓宽国际视野、坚定文化自信，形成正确的世界观、人生观、价值观，培养学生的爱国主义情怀和民族自豪感。教学模式设计应考虑在教学各环节融入社会主义核心价值观，实现全过程育人，在教学任务设计中以知识、文化为内容，以语言为载体，充分发挥显性和隐性教学的立德树人功能。

（2）核心素养，全人教育

核心素养体现以人为本、回归教育"育人"本质的思想。高职院校学生的核心素养发展不单指职业技能的发展，更注重"德智体美劳"全方位发展，体现全人教育理念。在智能化、信息化时代，有思想、会思考，有学习能力、创造力、协作能力、解决问题能力将成为各行各业人才的新标准。随着中国特色高水平高职院校和专业建设计划的实施，核心素养对高职院校特色发展的导向作用将更加突显，而课程则是落实立德树人宗旨最为具体化和系统性的载体。

为此，《课标》明确了高职英语学科的核心素养总体目标是通过课程学习与实践形成正确的价值观、必备品格和关键能力，具体表现为"职场涉外沟通""多元文化交流""语言思维提升"和"自主学习完善"四个方面。线上、线下混合式教学，既要为学生创设真实的涉外职场情境，也要注重中西方文化在其中的交流碰撞，帮助学生了解不同文化和语言背景下的思维方式，同时提升语言基础技能，培养自主学习、自我评判能力，由此养成的通用、可迁移综合素养将使学生终身受益。

(3)职业特色，应用为本

《课标》明确了高职英语课程教学内容包括基础模块和拓展模块，其中基础模块为职业通用英语，要"结合职场情境，反映职场特色"，语言知识服务于职场的应用性，文化知识更多体现"职场文化和企业文化"。教学内容的主题类别包含"职业与个人""职业与社会""职业与环境"，课文语篇涵盖日常生活和职场情境中的各种典型语篇、与学生未来工作和学习密切相关的语篇。职业英语技能的要求为：能运用英语完成与职业相关的理解、表达活动；能在职场环境下进行简单的中英互译活动；能运用英语表达有创新性的观点；能运用英语完成职场中的互动活动；能运用英语克服跨文化交际中的困难。《课标》强调"课程内容与专业实践、职场需求对接""创设与行业企业相近的教学情境"。因此，教学模式创新需将课内外、校内外实践作为重要的语言教学活动内容和教学环节，着力培养学生的英语应用能力。

(4)尊重个体差异，促进全面发展

随着高职院校招生规模扩大，生源英语基础差异加大，学生学业需求不尽相同。面对这种现状，一方面教学设计需要考虑具体学情，做好课前、课中、课后的导学衔接和重难点讲解；另一方面，教学评价应注重多元、多维、多主体的增值评价，关注学习态度、学习参与、学习成长度等，以提升学生对英语课程的兴趣，借助英语课程促进学生全面发展。

(5)产出导向驱动，培养学习能力

现代教育技术为学生提供了多种英语输入途径。产出导向理论认为传统的"输入为主，输出为辅"理念应转变为"以输出为驱动，同时又以输出为目标""融通学与用两个环节"。《课标》也提出，希望学生通过"自主学习完善"，运用"语言思维能力"，展示"职场涉外沟通能力、多元文化交流能力"。因此，高职英语教学应以职场英语产出为导向，借助具体职场任务或项目，多维度培养学生独立思考、团队合作、自主学习、自主规划、自主发展的能力。

2. 混合式教学模式的不足

(1)教学理念囿于传统。目前，大多数高职院校进行了混合式教学改革实践，但普遍存在的问题是形式大于内容，把教学流程拓展到了课前和课后，囿于传统教学理念，并未从实质上开展相应的教学设计活动，未能体现学生为中心的教学理念，无从发挥混合教学的优势，达不到预期效果。

(2)学习环境的不完善性。学生自主学习是保障混合式教学模式顺利开展的前提。就现状来看，课前提供给学生进行英语移动学习的音频、视频资料以及课件并不能完全满足学生的需求，有的学生因畏难情绪不愿意进行自主学习，阻碍课堂教学的顺利开展。因此，移动学习材料在难易度、吸引力和使用效果方面还需要进一步改善。

（3）学习行为监管缺失。当前高职英语混合式教学模式大多还停留在教师把教学资源上传到教学平台，供学生自主学习，学生的具体学习情况不能得到有效引导和监管，师生互动、生生互动形式单一。很多学生线上学习存在"伪学习"，线上学习效果得不到充分保障，学生课堂参与度大打折扣，直接影响课堂教学效果。因此，如何进行线上、线下教学设计以及互动方式是保证混合式教学模式顺利开展的核心条件。

3. 混合式教学模式的优势

（1）学习时间与空间不受限制

混合式教学模式将线上教学模式与线下教学模式相结合，拓展了学生的学习空间，避免出现传统教学方式的"离堂离教，离校离导"的后果。教师可以通过线上教学模式随时随地对学生进行线上教学，学生可以通过线上平台随时随地向教师提出疑问，实现了教师对学生的随时指导，学生不需要随时待在教师身边便可以进行自主学习，为学生的自主学习提供了极大的便利。

（2）网络教学资源更加丰富且针对性强

相较于传统的教学方式，网络教学的教学资源更加丰富，教师可以通过网络搜索丰富的教学资源，将其应用到混合式教学模式中进行教学。对于课程中的重点及难点，教师可以推送大量的教学资源对其加以讲解，教师首先对网络资源进行筛选，选取具有针对性的教学资源在上课时供学生参考，极大地提高了学生在线学习的效率；学生也可以根据自己的学习能力进行有选择、有目的性的学习，尊重了学生的差异性，为教师"因材施教"奠定了基础。

（3）有效节约了课堂时间

混合式教学模式的实施，使学生提前在线上完成了一部分知识内容的学习，教师可以在课上直接针对学生在课下遇到的重难点进行讲解及分析指导，极大地节约了课堂时间，提高了课堂效率，教师利用节省下来的时间开展相应的教学活动辅助学生的实践，提高学生对知识的掌握能力，有效增强学生学习的积极性与主动性，极大提高了高职院校英语教育的水平及能力。

4. 混合式教学模式的设计与实施

（1）课前准备阶段。首先，教师需进行资源设计和制作。移动学习资源是混合式学习的重要保证，包括线上学习资源和线下学习资源。线上学习资源包括微课视频、音频、课件、习题库等。在设计和制作线上资源时，遵循实用性、趣味性以及多样性原则。针对本门课程的职业技能培养目标，课题组把课程内容进行了整体划分和整合，分成五大英语职场技能模块，包括职场规划、走进职场、职场沟通、职场进阶和职场礼仪。同时通过乐学在线平台构建立体化学习资源，学生可通过学习通 App 进行移动学习，实现个性化、差异化学习。其次，教师通过学习通移动 App 发布学习任务。学生根据学习任务，通过教师发布的微课教学视频进行自主学习，完成在线词汇测试。同时，学生根据教师发布的主题讨论，进行发帖讨论，学生可随时在线上进行提问、评论，教师进行答疑讨论，实现师生互动、生生互动。教师根据学生的学习数据情况，找准教学问题，积极开展二次备课，为课中教学任务做准备。

（2）课中成果展示与互动。线下课堂学习是线上活动的延续，也是学生"英语实战训练场"。教师首先对线上学习情况进行归纳点评，然后主要可采取四步走的方式。第一，教师根据单元教学目标进行职场情境任务设置。以职场沟通模块为例，教师创设多个职场情境任务，如接待来访、部门沟通、邮件往来、电话预订等。第二，各个小组根据老师布置的情境任务，进行自主探索阶段。第三，小组根据情境任务进行分工合作，进行小组演练和展示。学生在完成职场任务之后，进行小组互评，并通过 App 进行投票。第四，教师对各个小组进行归纳总结。

（3）课后成果拓展与评价。课后，教师在资料区上传拓展学习材料并对学生作业完成情况进行及时反馈点评。学生通过 App 进行进一步的拓展学习，并根据教师和同学的点评意见，把每一单元的项目展示即口语成果作业上传到平台。

综上，通过线上和线下的不断交互和融合，形成连贯的学习过程，增加学生语言输入和输出的时间，形成螺旋式学习模式，真正达到运用职场英语的目的。

第五章 高职英语教学创新与发展前景

在当前时代背景下，本文针对高职英语教学进行了相关研究。本章将围绕高职英语教学的创新实践研究、高职英语教学面临的挑战与提升策略、高职英语教学的发展前景展望三方面的内容具体阐述。

第一节 高职英语教学的创新实践研究

一、英美文学阅读与高职英语教学的融合

文学是对人类精神文化的记录与传承，是社会文化的重要载体。英美文学阅读对于提高学生的英语实用能力，拓展知识视野具有十分重要的作用。文学本身所具有的文化魅力也对阅读者产生吸引力与探究兴趣。将英美文学主题性阅读引入高职英语教学中对于提升学生的听说读写能力及学生的文学素养等具有十分重要的作用。教师要运用英美文学阅读的优势，促进学生英语综合能力的提高与发展。

（一）英美文学阅读融入高职英语教学的必要性

英美文学作为一种文化的体现与传承，在悠久的历史长河中被广泛传播。世界上流传着丰富的英美文学作品，其之所以成为人类文学作品的宝贵资源，是与其独特的魅力分不开的。在高职英语教学中，学生通过对英美文学的阅读，提高听说读写综合能力，从而促进高职英语教学目标的达成，提升学生的英语综合素质。在我国，关于将英美文学阅读融入高职英语教学的研究取得了一定的进展。将英美文学阅读融入高职英语教学，可以促进学生对英美国家文化及风土人情的深入了解与全面感知，从而实现与中国文化的对比，了解其不同点与共同点，从而提升学生审美能力和人文素养。长期受传统教育观念影响的高职英语教育，教师满堂讲解灌输的教学模式还在大部分高职英语教学中占有很大比重，陈旧的教学模式阻碍了学生英语实用能力的提高，学生对教师的讲解灌输产生依赖，在学

习中缺乏主动性、探究性与创造性。文学自身的魅力可以对阅读者产生吸引力，在高职英语教学开展文学阅读，教师要强化引导，明确英美文学阅读目标，使学生把握阅读与探究方向，在阅读中有效提高学生的听说读写译等综合英语能力。在英美文学阅读教学模式下，学生可以在课内外通过对英美文学作品的广泛阅读，突出自主学习地位，提高学生自主学习能力与应用能力。

（二）英美文学阅读在高职英语教学中的运用策略

1. 重视英美文学知识教学

高职英语教材的编排是经过专业人士反复论证，并考虑教与学各方面的因素而精心设计的。在英语教材中不同的单元所表达的主题是有所差异的，教师在教学中可以根据教材的特点及其表现的主题，适时引入与课文或单元内容相关的文学作品。这样可以为学生提供丰富的文学阅读体验素材，加深学生对语篇的理解，更重要的是文学的作品可以激发学生学习兴趣，使学生对外国文学有更深入的了解，对于外国文化背景有较好的理解，文学阅读是对高职英语课堂阅读的有益补充与延伸，可以使教学内容更加丰富与立体，提高学生的理解与学习效果。在教学文化冲突这一阅读材料的主题时，教师可以适时引入英美文学阅读：如教师引入《最蓝的眼睛》等有关族裔的文学作品。学生阅读这些名著，既可以透彻理解文化冲突的含义，也可以通过对文学知识与文本的分析，体验到文本的娱乐与教化功能，学生在这个文学世界中畅游，对于英美文化传统、社会政治和经济体制等背景知识进行深入了解，学生的知识视野得以拓展，同时语言能力得以有效提升。

2. 提高学生英语阅读技能

在高职英语教学中引入英美文学阅读除了能够促进学生对英美文化的了解、拓展知识视野外，还可以提升学习阅读技能。文学阅读的目标应该定位在让学生多了解英语相关知识，拓展学生知识领域，提高学生的英语阅读技能等层面，不仅在课上引入英美文学阅读，还要鼓励学生利用课余时间通过阅读优秀的外国文学作品丰富知识积累，提升阅读技巧，帮助学生深刻理解英美文学作品，并注重对学生从语言表达技巧上进行引导。学生在对英美文学阅读时会遇到一定的困难，阅读速度较慢，对于文章中的一节细节也难以理解透彻，教师就需要结合学生这些问题，帮助学生有效解决，让学生深入到文本内里，强化情感体验，理解文章意境与语境，深切体味语言；阅读时要抓住文章的主题和文章中的主要人物、主要事件，抓住矛盾的冲突，了解人物的性格特点与作者对情节的构思之妙。为了促进学生的深入阅读，要在阅读时让学生带着下列问题进行阅读：一是了解文章意图表达的是什么？二是怎样理解文章的中心思想？三是在阅读中了解到作者的人生观、世界观、价值观是什么？启发学生在阅读时要找准文章的线索，找出主要人物，深入到文本当中，感受文中人物的精神世界，了解人物内心世界的冲突、人物与人物之间的冲突及人物与社会之间的矛盾。同时，教师要引导学生在阅读训练中提升阅读技能，如在什么情况下运用扫读，什么情况下运用跳读，什么情况下运用意群阅读，什么情况下运用长句短读，等等。提高学生单位时间内的阅读效率与质量。

3. 开展英美文学交流活动

在高职英语教学中引入英美文学阅读，需要加深学生对阅读的体验，使学生更好地理解文本意境，以及词汇、句段的语境，提升学生语感、审美与语言感受能力，培养学生的英语语言思维，及灵活运用英语表情达意的能力。要实现这些目标，教师必须重视英美文学阅读活动的交流与互动。在英美文学阅读活动中，锻炼学生的合作交流能力，可以在学生阅读原著的基础上，进行拓展阅读，让学生了解所阅读作品及其同类作品的更多信息，在文学交流活动中，让学生畅所欲言，实现观点与观点的交锋，相互借鉴、促进思考，了解作品的内涵，以英美文学特有的魅力激发学生学习热情。

4. 深化英美文学阅读内容

高职英语教材所编选的英美文学阅读素材，都是用纯英语编写的，不乏经典英美文学作品。教师不仅要让学生在课堂上默读文学作品，还要选择相关经典片段让学生大声朗读，对于作品中出现的名言警句，可以说出来，将作品中的优秀句子或段落写下来，把有疑问的知识点记录下来，同学之间进行交流探讨，促进问题的解决。在整个英美文学阅读过程中，学生的阅读能力不仅得到有效训练，并且听、说、读、写的综合能力也得到同步提高。在英美文学阅读中，特别要注重学生语言表达能力的培养，在阅读中学生可以接触更多的口语表达话题，并且在口语表达的话题中涉及广泛的英语基础知识，学生在不断的阅读中可以耳濡目染，潜移默化中提高自身英语口语交际能力。通过对英美文学中小说、散文、剧本、诗歌等的阅读与赏析，可以提高文学鉴赏能力，在阅读了英美文学作品之后，让学生回答其中的相关问题，或者简要复述其中的故事情节，学生就会在长久的训练中习得英语，形成英语语言思维。学生阅读每篇英美文学作品，教师都会对其中的重要的语法现象、语言表达习惯等进行重点训练，帮助学生积累丰富的词汇，掌握表达技巧，这些都对提升学生的写作能力发挥着十分重要的作用。

二、新媒体与高职英语教学的融合

（一）新媒体融入高职英语教学的必要性

1. 适当延伸教学内容

英语课程教学内容的选择与设置对学生的学习有着至关重要的影响。所以，高职英语教学的改革应当将创新优化教学内容作为重点，而新媒体恰巧可以通过丰富的网络资源适当延伸英语教学内容，扩大教师英语教学内容的选择，进而提高高职培养英语学科人才的总体质量。落实到具体的操作中，教师可以使用新媒体技术，搜罗筛选一些教科书以外、适合学生学习的教学素材，整理成适合在课堂上使用的形式，丰富高职英语教学的内容。教师需要根据教学大纲的具体要求，在正式开始上课以前，充分利用互联网资源，以教材为参考基准收集与教学内容存在一定关联性的教学材料。除了内容，题材的选择也可以尽量丰富，如英文电影、歌曲、动画、纪录片等，不仅在内容上扩充了英语教学的内容，其丰富的形式也更容易让学生进入积极有活力的英语课堂氛围中，激发学习英语的兴趣，有效地提高学生学习英语的效率。

2. 提高学生自主学习能力

新媒体网络不仅为学生提供了更多学习英语的途径，同时也为学生提供了更多丰富多样的学习内容，每个学生都会根据自己的需求找到感兴趣的学习内容，兴趣被激发了，学习的主动性才会提高。课前预习如果仅仅是阅读文章的话就显得枯燥很多，所以很多学生并不愿意去课前预习。而利用新媒体，教师可以向学生提供一些与课本内容相关的学习链接，或者学生也可以自主搜索相关的教学资料来进行预习，多样化的预习方式也激发了学生学习的兴趣。另外，教师还可以让学生进行分组整理与课本内容相关的素材内容，通过小组比拼的形式来调动学生主动学习的积极性，在课堂上每个小组可以轮流展示本组的整理成果，让学生充分感受到主动学习的乐趣；当自己整理的成果被同学、教师认可时也能收获一定的成就感，从而进一步提高自身自主学习英语的兴趣和意识。

（二）新媒体在高职英语教学中的应用手段

1. 创造多种交流平台

在新媒体环境下，可以充分利用新媒体技术搭建跨文化交际平台。高职教师可以改变以往书面化的教学模式，借助新媒体技术培养学生英语的实际交际能力。首先，微信成为现阶段人们沟通交流的主要工具，教师也可以通过微信来建立班级学习群，还可以细分英语小组群，鼓励学生在群里和教师、同学之间通过英语来进行交流对话，对话的形式可以是文字也可以是语音，交流内容也不必局限于校内的学习内容，可以涉及自己喜欢和感兴趣的东西；其次，鉴于多数高职都会有来自国外的交换生，英语教师可以和这些交流生建立联系，在双方的协助下搭建中外学生交流平台。比如，可以建立交流生和英语专业生的共同的微信群，鼓励英语专业的学生多和互换生进行英语对话，国外的交互生可以及时地纠正英语专业学生的发音问题等，在这种跨文化交际的平台下，学生们的英语口语将得到快速提升。

2. 建设教学资源网站

除了教师可以在教学活动中对新媒体海量资源的应用之外，高职也可以借助新媒体建设起英语教学的资源网站。高职的英语专业教师可以筛选高质量的英语文章、学术论文以及英文原版名著，以教学大纲为参考基准，建立相关性搜索方案，高职英语教师可以在资源网站快速地获取教学资料。学生也可以在英语资源网站上获取已经经过筛选的高质量参考资料，让学生的搜索与阅读都变得有价值，同时也可以通过自主阅读拓宽自己的视野，培养对优质英语读物的鉴别欣赏能力。

3. 开展丰富的交互式教学

改变传统英语课堂以教师为中心的教育模式，是高职英语教学改革的一大重点，高职英语课堂应该重视学生的主体地位，根据教育心理学相关理论的分析与实际情况结合的方式，把握学生的心理特点，创新出适应学生学习需求的实践教学方式。新媒体的发展契合了时代的变迁，有效利用新媒体技术，可以更新教学模式，开展丰富的交互式教学，为教师与学生的沟通、教学中心确立创造有利环境。教师可以通过微博、知乎、豆瓣等网络信息平台关注、收集与英语教学内容相关的活动主题、教学材料，使用这些平台开展学习任务，可以让英语教学更加贴近学生的生活，提高学生完成英语任务的兴趣。教师还可以鼓励学生借助新媒体信息平台表达自身的学习需求，通过评论、私信等方式对教学实践活动进行实时反馈，并且根据自身的实践经验提出意见建议，有效促进师生交流的平等发展，使教师设计的教学方案更贴合学生的实际学习情况。

三、人工智能与高职英语教学的融合

（一）人工智能概述

人工智能也被称为 AI，最初并没有被人们所重视；直到 2016 年，阿尔法狗战胜了世界围棋冠军李世石之后，人工智能时代正式到来。其主要作用就是借助计算机来模拟人类行为的智能化技术。最近几年，人工智能的发展脚步越来越快，在社会当中掀起了一场轩然大波，也在一定程度上促进了教育领域的不断的变革与发展。人工智能技术与教育的结合有效的改变了传统教育，并且对于教育模式、教学质量以及评价方式等方面都有很大的提升。将人工智能技术融入教育当中，需要高度重视教育本体，并将学生作为核心，形成极具个性化的教学方式。随着人工智能技术的不断应用，在很大程度上打破了传统的教学模式。在传统的英语课堂教学期间，一直采用的是知识本位模式，也就是"教师讲、学生听"的模式，严重的缺乏对所学知识的实际应用，导致学生的实际应用能力较差。人工智能的加入让英语教师在教学过程中可以充分借助智能化产品来丰富英语教学内容，与学生一对一沟通，准确地掌握学生的学习情况。教师可以与人工智能进行沟通，实现人机对话，还可以利用人工智能平台来进一步实现"人人皆学、处处能学"的全新教学模式。

（二）人工智能对高职英语教学的影响

1. 改变学生学习方式

近年来，随着人工智能技术的不断更新与改革，学生们的学习方式也在一定程度上发生了改变，就传统的英语教学期间，学生只能够在相对有限的教学时间内学习和掌握相关知识，这样的学习方式过于被动，导致学生的学习热情很难被激发出来，久而久之，学习成绩就会变得越来越差。此时将人工智能技术应用于高职的英语教学当中，不仅可以根据学生的学习情况和特点进行有针对性的分析，为其设计合理的学习目标，还能够让学生们有充足的时间在互联网中进行自主学习。人工智能技术会以学生的学习成绩为依据对学生知识的掌握情况进行判断，从而为其匹配具有针对性的练习，实现巩固知识的作用，这样可以有效的激发出学生的学习热情和积极性，在改变学生学习方式的同时还强化了学生的自主学习能力。

2. 改变教师教学方法

自从进入人工智能时代之后，教师这一角色在无形中发生了一些微妙的变化，

在一定程度上转变了教师的基本职能，就传统的英语教学来说，教师只能够在课堂上利用有限的时间与学生之间进行交流与沟通，根据自己的教学经验来选择相应的教学内容。但是在人工智能时代中，教师可以充分借助人工智能数据分析来选择出最合适的教学内容与资料，更加灵活地去调整和优化自身的教学内容，以学生的能力和学习重难点为主，利用互联网来进一步查阅学生的学习情况并展开相应的交流，及时为学生答疑解惑，有效地提高高职英语教学水平，实现真正的因材施教。另外，在教学期间，英语教师需要具备一定的资源整合和挖掘能力，从而大幅度提高自身的业务能力。

第二节 高职英语教学面临的挑战与提升策略

一、高职英语教学面临的挑战

（一）对传统教学方式的挑战

以往高职院校在英语教学方式选择时，倾向围绕教材讲述理论知识，以强行记忆获取学分为教学目的。并且在此过程中，教师始终充当教学主体。但随着互联网技术的不断进步，慕课、微课等教学模式持续丰富，教学内容得到深度扩张。学生在任意时期均可通过互联网获取丰富的教学材料，且得到权威教师的讲解。英语学习在此背景下突破时空限制，并且不再局限课本教学。另外，以往教学方式当中一般是以教师作为主体，学生仅充当知识接收者。在互联网技术催生下，教师可以使用合作式、探究式等不同类型的教学方式，实现"教"与"学"的地位转变，构成教师引导、学生探索的主动学习新教学常态。以往单一的黑板、粉笔教学方式已经被智能设备所取缔，英语教学更加便捷化、现代化。但是这一过程中势必需要过渡时期，最终结果未必会如之前"灌输"教学效果要好，这也就形成对传统教学方式的挑战。

（二）对社会人才需求的挑战

随着国际化的发展和中国国力的增强，中国参与的国际交往日趋频繁，因此社会对于懂专业、通晓国际规则、熟练掌握外语的高端人才的需求越来越多。可见，能用英语进行专业技术领域的交流是社会对于高职英语的教学要求。然而，目前高职院校所开设的英语课程绝大多数都是通用英语，学生学习高职英语的目标也只是为了四、六级考试,而非将英语视为工具阅读专业领域的外语资料或参加学科领域内的国际讨论。可见,高职英语在课程设置和教学目标上没有把英语学习与专业需求和社会需求有效地结合起来,造成学与用的严重脱节。

(三)对优秀师资队伍的挑战

当前时代,高职教师,特别是高职通用英语的教师,将面临巨大的挑战,在名校教育资源开放的前提下,学生可以轻松获取由世界顶级学院的名师讲授的名课资源。从单纯的语言学习的角度看,跟着母语是英语的人学习英语,不仅能学到更为标准的发音,更地道的表达方法,还能更直观地感受到欧美文化的思维方式。这对高职英语教师无疑是一个巨大的冲击。面对这样的冲击,高职院校必须优化自己的师资队伍,通过培训深造等途径引导高职英语教师逐步从通用英语向 EAP 及 ESP 教学转型。同时,高职英语教师也必须转变传统的教学观念,从一个单纯的语言教师转变为课堂的组织者和管理者。这种转变要求高职英语教师不断更新和完善自己的知识体系和储备,努力提升自身学术英语和专业英语的能力。高职英语教师还应该不断提高自己的教育技术,从传统的板书讲授、多媒体课件制作等,转向教学视频制作,慕课平台数据挖掘以及在线互动评价等最前沿的教育技术。

二、高职英语教学提升的策略

(一)创新教学方法

从传统教学方式向交际英语教学方式转变,需要实现缓慢过渡,以便使两种方式不兼容的问题得到解决,帮助学生逐步适应全新的教学模式。想要达成这一目标,教师还要对教学方法进行创新,通过开展灵活教学激发学生学习的主动性、积极性,使学生能够自觉参与到课堂沟通讨论活动中,从而形成课堂交际的习惯,确保交际英语教学模式得以顺利实施。传统英语教学尽管完成了一些英语对话的设计,但多缺乏实用性,以至于学生在学习过程中注意力集中在句型、语法学习上,忽视了语言沟通问题。针对这一情况,教师还要加强情境教学法的运用,通过创造接近真实的英语对话情景体现英语作为语言工具的价值,促使学生关注英语对话所处的场景,能够结合场景需要进行英语运用,更多地开展英语对话练习,从而使学生英语实践运用能力得到培养。在组织学生开展对话的过程中,教师可以将学生划分为多个小组,使小组从信息传递角度完成英语对话设计,而并非只一味关注交际过程中词汇和语法的使用问题。而在交流沟通的过程中，学生可以从背景、文化特征、对话对象等多个角度进行思考，不断得到思维的启发，在准确进行英语表述的同时，探讨英语交际方式，形成英语语言文化意识。

（二）加强文化交流

若要满足社会对英语人才的需求，还要加强文化交流，以便培养多方位英语人才。在实践教学中，教师可以针对中国传统语言文化和西方语言艺术间的差异与学生开展互动讨论。每个国家语言都拥有各自的文化特征，在交流过程中这些特征将能得到体现。在英语表达上，不同国家的表达方式也存在一定差异。从差异入手，教师和学生从语言层面进行沟通，能够在加强英语文化传播的同时，熟悉中国文化，使语言魅力得到充分体现。立足文化交流，引导学生加强文化差异的学习，能够使学生加深对英语内涵的体悟，进一步理解英语的情感，使文化差异带来的学习和沟通障碍逐渐得到消除。实际上伴随着时代的发展，英语也不断与新的元素融合。高职英语教师应通过发挥辅导作用参与到英语教学内容制定上，结合高职英语教学需求对目前英语教学现状进行适应，结合中国学生理解需求，适当将英语教学与中国传统文化结合在一起，使学生在具备英语理论知识的基础上，了解英语知识背后的文化，培养全面的英语人才。

（三）提升教学能力

在当前高职英语教学中，高职英语教师要对自身角色定位重新认识，并且不断地结合实践教学，从以下三个方面，不断实现自身的全面发展。

1. 不断提高教师的思想政治素质

首先，教师要对新时期的教学活动有正确的认识，对新的教师素质能力要求有清醒的认识，紧跟时代发展形势，不断开展思想政治学习，提高自身的思想素质。其次，学校要为教师的思想素质提升提供保障。比如，学校在教师入职的培训中，要重视对其开展思想素质教育，增强其责任感。再如，在开展日常教学培训的过程中，结合继续教育网站的应用，为教师不断灌输"工匠精神"的教学素养，提升教师的思想素质。还比如，教师要能够开展自主学习，通过积极的阅读学习，从网络、媒体等各个渠道开展政治学习，建立正确的思想意识；在教学过程中，发挥出示范的引领作用，提高自身的综合素质，成为学生心目中富有吸引力的优秀教师。

2. 不断加强教师的业务学习水平

首先,教师要结合国家对外语教育工作的要求,对学校开展的外语教学活动制定完善的教学方案,对照新时代的外语专业人才培养要求,在教学活动逐一落实。其次,学校要为教师的业务学习水平提升做好保障。第一,学校要为教师的成长建立完善的人才培养方案,并且结合教学计划,对教师的成长过程全面监督;第二,学校要为教师开展教学活动搭建平台,投入技术和资金,确保教研活动的顺利开展,鼓励更多优秀的年轻教师参与到重大的教研活动中;第三,学校要为教师的学术交流提供机会。组织优秀教师与知名学院进行交流学习、进修培训等。同时在与知名学院合作的过程中,还可以不断提高教师的学历水平;第四,结合现代教育技术的应用,组织高职教师进行线上教学课件的集中编写,打造精品课程、优秀课程等,比如在新冠疫情的特殊时期组织教师使用混合式教学方式开展线上教学,有效的应对特殊的教学环境,保证学生的正常学习;第五,学校要组织教师开展集中的教研活动,进行学术交流,邀请专家到校讲座,激发教师的教学积极性,更好的服务教学事业;第六,教师要注重自学能力的应用,通过翻阅文献资料、网络查找资料等手段,对先进的教学资源、教学理念、教学手段不断学习,提升自身的业务水平。

3. 不断提升教师的实际教学能力

在高职英语教学过程中,教师要不断地提升自身的实际教学能力。首先,教师要结合自身的教学经验,在设计教学活动的过程中,将自身的专业知识、思想认识与教材内容充分融合,更好地传达教学育人的思想,展现自我的人格魅力,吸引学生进行模仿学习,积极参与课堂。其次,教师要能够结合不同教材内容,选择使用适合的教学手段,组织富有活力的教学活动。比如在开展教学过程中,教师可以结合原声电影,帮助学生快速进入到教学情境中;教师还可以结合英文歌曲的演唱,将学生的注意力吸引到课堂中。总之,教师要根据具体的教学实际,营造良好的教学情境,与学生建立和谐的关系,保证教学效率。最后,教师要对现代教学技术充分掌握。开展混合式教学过程中,需要教师掌握教学技术、教学手段。教师要熟练地掌握并使用先进教学设备、教学工具,并在教学开展中充分应用,利用科技的吸引力,不断提高教学课堂的趣味性,提升教学效果。

第三节 高职英语教学的发展前景展望

一、高职英语教学未来发展特点

（一）以学生为中心

高职教育虽然仍是以课堂教学为主，但相对于基础教育课程模式来讲，已经显得较为开放，高职学生的学习中自学占了很大一部分比重。因此，高职英语教学未来要重点考虑学习者因素，在资源的建设上讲究实用性和适应性。

（二）资源有效性

高职英语教学要适应高职英语的教学目标和教学内容，一方面为教学提供的资源要适应高职英语教学大纲的具体要求，符合教学目标的设置；另一方面，信息媒体所提供的教学资源既要能够给教师作为讲授资料，也要有利于学生的学习，也就是要保证教育的有效性。

（三）可操作性强

可操作性强主要是指现代教育技术的操作。未来高职英语教学势必会以信息技术教学为主。因此，信息技术的教学必须要不断适应社会和人才市场的需求，一方面要求现代化教育信息技术可以提供给不同院校、不同专业的教师进行教学，也就是教学资源的应用便利性；另一方面，院校可以根据自身资源情况、师资情况有选择性地进行技术引进，也就是说现代教育信息技术不能一味地追求集成化、智能化、自动化，应当分层、分级地进行资源建设，以提供给不同等级、水平的院校使用。

可以预见，现代教育信息技术在高职英语的应用和普及程度会越来越高，也会被越来越多的英语教育工作者所接触、接受和追捧。现代信息技术与高职英语教学的结合也必将为高职英语的发展带来全新的变革。

二、高职英语教学的前景展望

随着社会的进步，科技的发展，高职英语教学的发展前景十分可观。

（一）在线学习平台

当前，在高职英语教学模式中仍然采取以计算机为主的教学平台。虽然该方式较为成熟,但也存在较多问题,尤其计算机一般属于固定设备,硬件设施淘汰速度较快,难以实现实时更新迭代。甚至对于英语教师而言,需要在计算机上方可实现教学资源管理;对于学生而言,需要在固定时间、固定地点方可进行学习,仍未脱离"课堂"本质。此形势下,未来高职英语教学将基于移动端进行平台构建。基于移动端的在线学习平台具有较多优势。第一,高职院校、教师及学生无需过高投入,即可实现操作使用。高职院校只需在校园覆盖互联网即可,能够省去大量购买设备、维护设备的资金。第二,移动端能够轻松获取丰富的图片、视频资源,不仅符合现代学生随时使用移动端的习惯,也能充分激发学生进行英语学习的热情。

(二)泛在学习环境

英语泛在学习环境是指,高职学生可以随时获取英语学习信息,并能进入交互学习环境当中,进行现实性的英语语言沟通。

在未来互联网全覆盖的环境当中,设计自主学习、课程学习、话语交流、效果评价等多元功能的教学系统,扩展学生学习空间。营造英语泛在学习环境,不仅可以助推管理、教学、评价等功能结合,也可实现英语教学效率提升。在打造英语泛在学习环境时,需要网络技术、软件功能、智能终端基础支持,也需要教师具备相关教学技能,更需社会、高职院校、教师多方鼎力协作,为学生在互联网学习英语时能够具有良好的环境氛围。社会方面,应当予以学生学习英语、使用英语的基础条件,利用社会资源为学生铺垫技术环境。高职院校方面,应当为教师开展互联网教学、学生进行互联网学习营造良好的硬件环境。学生自身方面,应当充分重视互联网教学的重要性,主动使用互联网进行学习。

(三)资源共享平台

在现阶段的信息化教学改革过程中,教师主导了英语课堂教学的整个过程,学生只能够被动接受相关基础理论知识,个人主体地位未能得到体现。在此情况下,教师与学生之间缺乏有效地沟通和交流,英语课堂教学质量相对较低。在未来教育信息化背景下,高职英语教育教学改革应突出学生的课堂主体地位,使学生能够积极主动地参与到英语课堂教学之中。通过建立高职学生英语教育教学资源共享平台的方式,学生可以将其自主学习过程中所用到的资源上传至该共享平台,在丰富资源共享平台内容的同时,教师也能够从中发现学生在英语自主学习中存在的问题,并在英语教育教学中对其进行正确引导。以学生自主学习英语语法为例，学生将搜集整理的学习资源上传至共享平台，教师对每一名学生上传的资源进行整理，并要求学生结合其资源所关联的语法知识进行讲解，如此，则强化了教育信息化背景下学生的主体地位，活跃了课堂教学氛围，提高了学生参与英语课堂教学的积极性与主动性。

参考文献

[1] 高晶. 医学英语在线课的建设与应用 [J]. 中国新通信, 2020, 22 (21): 170-171.

[2] 孔丽芳. 基于"产出导向法"探究高职英语教学评价体系的完善性 [J]. 吉林广播电视大学学报, 2020 (7): 13-14; 17.

[3] 罗曼林, 杨高云. 高职英语教学评价体系的探索 [J]. 中国多媒体与网络教学学报（中旬刊), 2020 (1): 33-34.

[4] 茅和华. 融合现代信息技术的高职英语教学方法创新研究 [J]. 黑龙江生态工程职业学院学报, 2019, 32 (5): 146-148.

[5] 乔万俊. "互联网+"时代高职英语混合式教学改革探索 [J]. 科技风, 2019 (17): 268-269.

[6] 冯小玮, 朱雁. 医学英语语料库与教材建设研究 [J]. 英语广场, 2019 (4): 43-45.

[7] 曲更宝, 马军. 关于医学英语网络教育模式建设的探讨 [J]. 中国继续医学教育, 2019, 11 (8): 59-62.

[8] 王猛, 王华. 移动互联网环境下混合式教学模式在高职英语教学中的实践 [J]. 昆明冶金高等专科学校学报, 2018, 34 (6): 26-30.

[9] 吴月娥, 刘斌. 基于建构主义教学理念下高职英语教学方法的创新性研究 [J]. 当代教育实践与教学研究, 2018 (9): 83-84.

[10] 杜玉文. 基于 Blackboard 网络平台的医学英语自主学习课程建设 [J]. 医学教育研究与实践, 2018, 26 (2): 284-287.

[11] 杨小康. 高职院校英语教学评价研究 [D]. 咸阳: 西北农林科技大学, 2017.

[12] 刘晓毅. 高职英语教学评价体系的构建 [J]. 黑龙江教育（高教研究与评估), 2015 (5): 34-36.

[13] 许艳. 高职院校商务英语专业实践教学体系的建设研究——以咸宁职业

技术学院为例 [D]. 武汉：华中师范大学，2014.

[14] 肖鸾，廖兆光. 旅游英语专业建设与地方旅游业发展研究 [J]. 郧阳师范高等专科学校学报，2014，34（1）：130-133.

[15] 赵莉莉. 商务英语实践教学体系建设 [J]. 学子（教育新理念），2013（6）：182-183.

[16] 李新利. 基于网络平台的高职英语教学模式研究 [J]. 英语广场（学术研究），2012（11）：55-56.

[17] 张芳芳. 高职院校中外合作办学项目英语教学模式探析 [J]. 保险职业学院学报，2012，26（4）：94-96.

[18] 车凤英. 高职英语多维动态教学模式实证研究 [J]. 校园英语，2012（6）：189-190.

[19] 董盈溪. 从语言和文化的关系看高职英语教学中文化因素的导入 [J]. 商业文化（下半月），2012（2）：221-223.

[20] 王关富，张海森. 商务英语学科建设中的教师能力要素研究 [J]. 外语界，2011（6）：15-21.

[21] 刘本清. 高职英语教学中的跨文化教学研究 [J]. 黑龙江科技信息，2011（6）：181-182；270.

[22] 许穗. 浅议高职院校英语教学方法改革 [J]. 新课程（教研），2011（1）：97.

[23] 朱琰，龚晓斌. 浅谈英文电影在高职英语教学中的应用 [J]. 中国科技信息，2010（21）：302-303.

[24] 郭丹. 高职英语教学之问题探究及对策 [J]. 科技信息，2010（17）：747；746.

[25] 徐立娣. 实训室中高职酒店英语情景教学模式探究 [J]. 现代交际，2010（5）：171-173.

[26] 刘泓蔚. 基于 ESP 理论的旅游英语课程教学体系建设初探 [J]. 中国成人教育，2009（13）：117-118.

[27] 燕静君. 高职英语教学存在的问题及对策 [J]. 河北旅游职业学院学报，2008（2）：96-98.

[28] 王树春. 高职英语分层教学模式初探 [J]. 中国西部科技，2007（20）：60-63.

[29] 马跃，姜文锋. 浅谈高职高专英语教学方法的改革 [J]. 科技信息（科学

教研），2007（17）：200；208．

[30] 李丽君．旅游英语专业课程建设的思路与实践 [J]．焦作大学学报，2005（4）：78-79．